大吉 やきとり DAIKICHI

〝不滅〟の小さなやきとり屋

開業・成功の極意

『やきとり大吉』のスモールビジネス

牟田　稔 著

◆はじめに

飲食店経営を目指す方々に、今こそ、伝えたいことがあります。

1年前に開店したイタリアンが、いつの間にか閉店していました。本部からも近く料理も美味しかったので、残念でなりません。閉店の原因の一つは、店が広過ぎたことでしょう。経営者は、30坪50席の店を上手に回すことができませんでした。この事実、しかしながら飲食店では普通にあることです。

飲食店は、なぜ長続きしないのか。オープンして数年でクローズしてしまう飲食店舗の多さには、正直驚きを隠せません。様々な理由があるにせよ、なぜ皆が皆、同じことを繰り返してしまうのでしょう。

独立を目指す多くの人たちが陥る開業の落とし穴に、あなたもはまろうとしていませんか。料理の腕だけで、店舗の内装だけで、一等立地と言うだけで、あなたは勝負しようとしていませんか。失敗は成功の母と言いますが、自ら失敗の道を進んで行くことには、何の意味もありません。

事実は小説より奇なり。令和元年、やきとり大吉を25年以上経営している店主が全国で100名を超えました。なぜ彼らはこれほど長く商売を続けられるのか。それは、小さな店舗ならではの「成功の法則」が、「やきとり大吉」のそこかしこにあるからです。その極意を、これから余すところなく述べて行きたいと思います。

飲食店経営を目指す全ての方々に、幸あれ。

目次

第2章

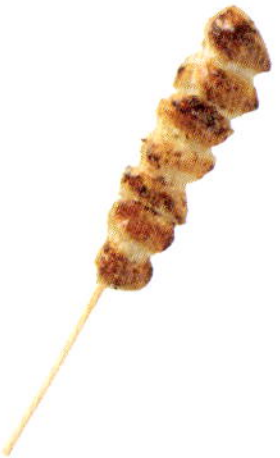
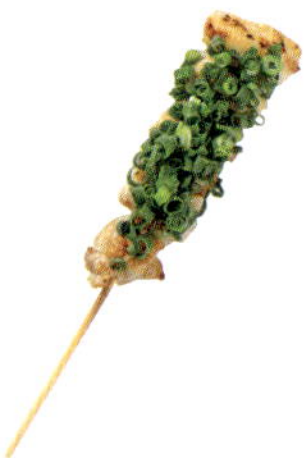
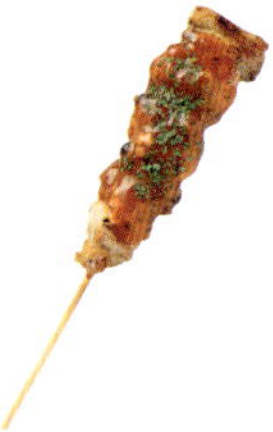
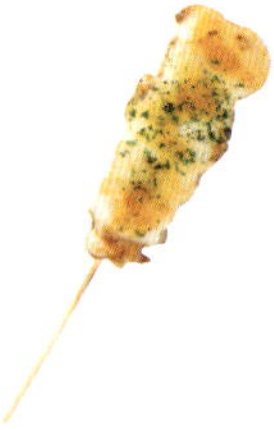

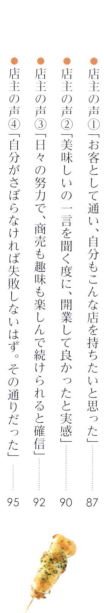

※本書で紹介している情報は、2019年9月時点のものです。
※文中や図表の金額はすべて税別です。

やきとり
大吉
DAIKICHI
やきとり
大吉
大吉

YAKITORI
DAIKICHI

独立して経営者になる。
夢を叶え、「大吉」という
舞台で輝く店主たち

大吉

「大吉」のスモールビジネスには、
潰れず、長く愛される
ノウハウが詰まっています

「大吉」は40年以上、焼鳥一筋。
流行に左右されない
〝不滅〟の小さなやきとり屋です

山椒
七味

第1章

「潰れず、長く愛される」理由があります

10年以上盛業を続けている「大吉」店主が全国各地に500人！

「飲食店は開業から2年で5割が潰れる」

「10年続く店は1割しかない」

飲食業について世間ではこんな風に言われます。でも、だからこそ今、声を大にして言いたいのです。

「潰れることなく、長く愛されている飲食店はたくさんありますよ。大吉グループは、それを実証しています」と。「のっけから自慢話かよ…」と思われたかもしれませんが、それを承知で言わせてください。

「やきとり大吉」は1977年に創業してから40年以上。焼鳥専門店の味を安心価格で楽しめるお店として、北海道から沖縄まで、全国各地で地元のお客様に愛されてきました。

仕事帰りの方はもちろん、年配の方やお子様連れの家族など、その街の「日常使い」のお店として親しまれています。

そして、現在、約700店舗の大吉がありますが、その約8割、つまり500人を超える店主が、10年以上、盛業を続けています。「10年続く店は1割しかない」と言われる中で、これだけ多くの大吉がお客様に愛され続けているのです。

25年を超える店主が100人以上もいて、そのうちの50人以上が30年を超えているのも大吉グループの自慢です。


「やきとり大吉」は、文字通り、「小さなやきとり屋」です。大型の飲食店に比べれば、本当に小さな小さなお店です。でも、その「小さなやきとり屋」には、潰れずに、成功するノウハウが詰まっているのです。

全国の「大吉グループ」MAP

それは、40年という実績の中で蓄積してきたノウハウです。その確固たるノウハウは、ちょっとやそっとではビクともしません。「やきとり大吉」は、これからも未来永劫続く〝不滅〟の小さなやきとり屋であると自負していますし、そうなるために、今も常に検証と改善を続けています。

失敗のリスクが低い。それでいて3年で1千万の貯金も夢じゃない

「自分のお店を持ちたい」という夢を叶えて飲食店を開業し、一所懸命に努力したにもかかわらず、それが報われずにお店が潰れてしまうのは、とても残念なことです。お店が潰れた後も、開業費用の借金が重くのしかかるケースも少なくありません。

これから飲食店の開業を目指す人たちは、絶対にそうした失敗はしたくないはずです。

「自分のお店を持ちたい」。「でも、失敗もしたくない」。そう思うのであれば、本書で公開する「やきとり大吉」のノウハウに、ぜひ目を通してください。

飲食店に限らず、どんなビジネスでも、起業する際に「できるだけ失敗のリスクを低くしたい」と考えるのは当然のことですが、本書を読んでいただければ、大吉が大切にしてきた「小商売」、すなわちスモールビジネスが、いかに失敗のリスクが低いかが分かっていただけると思います。

同時に、「やきとり大吉」の取り柄は、潰れにくいことだけではありません。後でもお話ししますが、大吉は本部に毎月支払うロイヤリティーが変動制ではなく、「固定制」なので、儲かったら儲かった分、店主の利益になります。実際、開業から3年ほどで、1000万円以上貯めた店主もたくさんいます。

もちろん、ラクをして儲かるわけではなく、額に汗して頑張ることで儲かるのですが、店主が頑張ったら頑張った分だけ、自分に返ってくるので、とてもやりがいがあります。

いかがでしょうか。低リスクで、なおかつ、儲けることができる大吉のことを、もっと知りたいと思っていただけたら嬉しいですし、その期待に応えるために、これから大吉について詳しくお話ししていきたいと思います。

小さい店だから店主の目が行き届く。だから、お客様に長く愛される

「やきとり大吉」は、なぜ潰れないのか？

〈〝不滅〟の小さなやきとり屋〉というタイトルを目にして本書を手にした読者の皆様が、まず知りたいのは、その理由でしょう。ズバリ、お答えします。「店が小さいから」潰れにくいのです。

「えっ？それだけの理由…」と拍子抜けしたかもしれませんが、「やきとり大吉」が潰れにくい一番の理由が何かと聞かれれば、「店が小さいから」という答えになります。

もちろん、実際には様々なノウハウがありますが、大吉グループがブレることなく一貫してこだわってきたのは、小さな店しか出店しないことです。

どれくらいの大きさかと言うと、店舗の標準規模が10坪です。席数は20席前後で

す。一般的には、20坪で30～40席くらいの飲食店も小規模店と言われますが、「やきとり大吉」の場合は20坪でも広過ぎます。実際、20坪の物件があった際に、半分の10坪は倉庫にし、店舗の営業面積を10坪にしたこともありました。

では、なぜ、そこまで「小さい」ことにこだわるのか？　なぜ、「小さい」と潰れにくいのか？

それは、店主の目が店全体に行き届く店づくりにこだわっているからです。店主の目が行き届いていることが、お客様に長く愛される秘訣だからです。

これは、決して難しい話ではありません。店が広くなると、どうしても店主の目が店全体に行き届かなくなります。店が小さい方が、店主の目が行き届くのは当然のこと。店が小さい方が、来店してくださったお客様一人一人を大切にした商売をしやすいのです。この原理原則を、愚直に守り続けてきたのが大吉です。

店を広くして、もっと大きく儲けよう…。そうした欲とは無縁です。店が小さいので一日の売上額は限られますが、コツコツと日々の利益を積み重ねることで、結果として大きな儲けを手にすることもできるのです。大吉が大切にしてきた「小商売」とは、そういう儲け方です。

■「やきとり大吉」の標準規模は10坪・20席前後

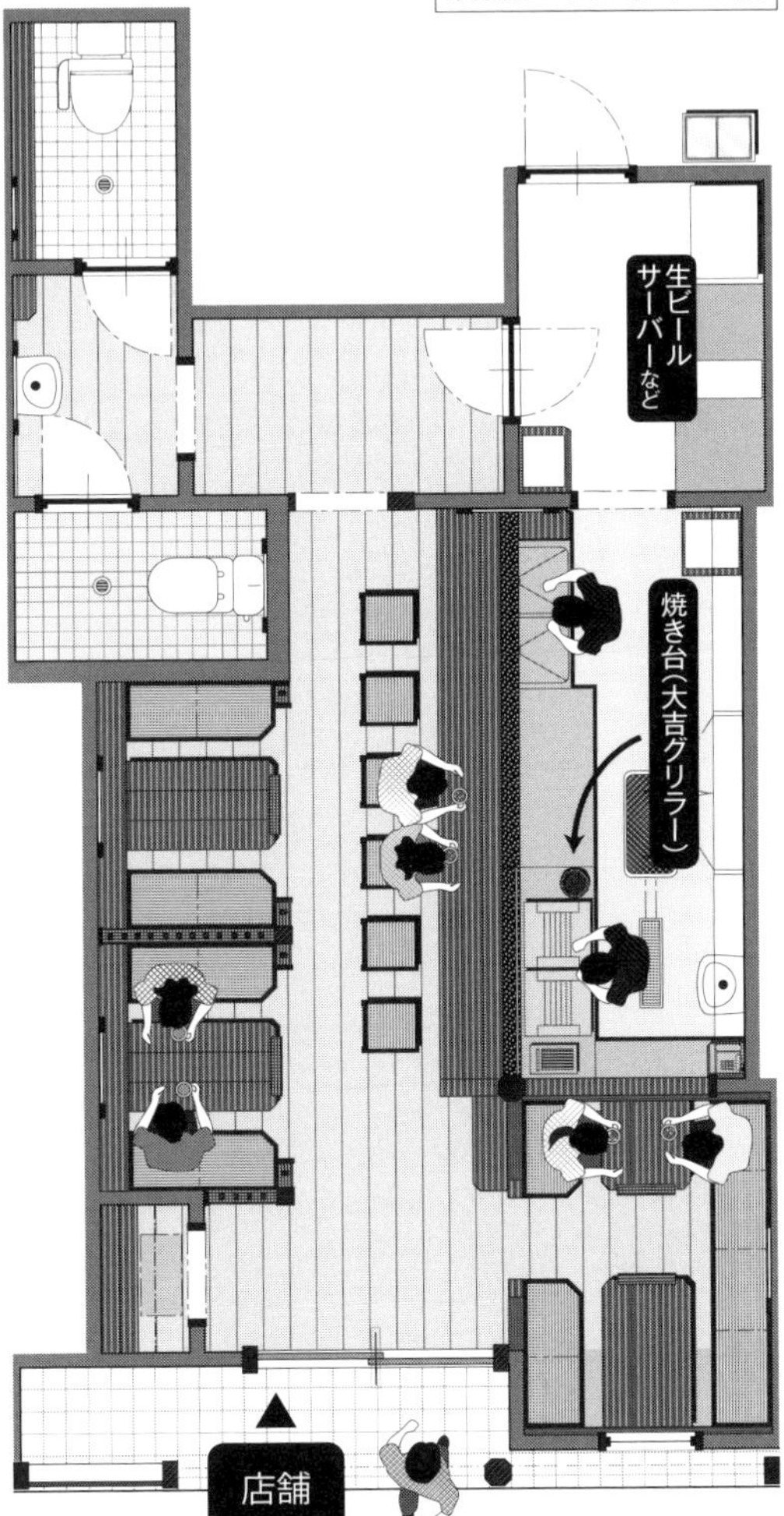

失敗する飲食店は、「人を使う難しさ」を甘く見ている

店が広くても、人を雇えば店全体に目が行き届くのではないかと思われるかもしれませんが、その考え方にも落とし穴があります。人を使うのは、口で言うほど簡単なことではないのです。

内装の雰囲気はいいし、料理も美味しいけど、スタッフのサービスがなっていない…。皆さんも、そんなお店に出くわしたことが、少なからず、あるのではないでしょうか。

スタッフ教育などに問題があるから、そうなるわけですが、残念ながら、そういうお店がたくさんあるのが現実です。それだけ、人を使うことは難しいにもかかわらず、その点を深く考えることなく、30坪、40坪…の飲食店を安易に開業して失敗

するケースが多いのです。

中にはスタッフ教育をしっかりと行い、30坪、40坪…、あるいは100坪以上でも、高い評価を得ているお店はあります。とても素晴らしいことですし、人を使う力量がある飲食店経営者がいることを否定するわけではありません。

でも、それは限られた一部の経営者です。飲食店を開業する人たちは、人を使う自身の力量について過信しないことが大切です。人を使う力量が特別にあるわけではないのに、常に5人も6人もスタッフが必要な40坪、50坪…の飲食店を経営しようとしても、店は上手く回りません。

「やきとり大吉」は10坪前後なので、忙しい時にアルバイトスタッフに手伝ってもらう場合も、その数は1人〜2人。店主の奥様が店を手伝うことで、一切、アルバイトを雇っていない店舗もあります。

人を使う必要性を最小限に抑え、店主の目が行き届く小さいやきとり屋にとことんこだわってきたことが、大吉が「潰れず、長く愛される」大きな理由です。

長く続く、もう一つの理由は「戦わずして勝つ」立地戦略

「やきとり大吉」が長く続く、もう一つの大きな理由。それは、「戦わずして勝つ」とも言える立地戦略にあります。

どういうことかと言うと、大吉は駅前や繁華街などの競合ひしめく立地には出店しません。駅から離れた住宅街など、競合がほとんどないような場所に出店してきました。一等立地で大きく儲けよう…という欲とも無縁で、競合の少ない立地で確

実に儲ける「小商売」に徹してきたのです。

飲食店の開業希望者の中には、「自分なら競合ひしめく中でも成功できる」と根拠のない自信を持っている人がいます。しかし、現実はそんなに甘くはありません。競合ひしめく中で、多くのライバル店に勝つのは容易ではありません。

しかも、一等立地は店舗の家賃がバカ高い。高い家賃が大きな負担になるので、かなりのハイリスクです。

実際、駅前や繁華街などの一等立地では、すぐに潰れてしまう店が、なんと多いことか。大手外食企業でも、一等立地に出店したものの、早々に撤退してしまうケースが少なくありません。しかも、大手外食企業であれば撤退しても資金力でカバーできますが、個人店はそうはいきません。一等立地に限らず、いわゆる好立地と言われる場所は総じて家賃が高いので、そのリスクについて慎重に検討するべきでしょう。

その点、大吉は、はなから一等立地には目もくれません。二等立地どころか、一般的には三等立地と言われそうな場所に出店する「戦わずして勝つ」立地戦略によって、10年、20年、30年…と続く大吉を全国各地に生み出してきました。

これまで値下げや割引を行わず、価格競争に巻き込まれずにやってこられたのも、この「戦わずして勝つ」立地戦略の賜物です。

1日20人のお客様で成立。人口の少ないローカル立地でもOK

「やきとり大吉」は、人口の少ないローカル立地で成功することができます。というよりも、家賃が高い立地は避けてきました。

例えば、東京の大吉の店舗は、すべて山手線の外側です。大吉本部があり、全国で最も店舗数が多い大阪も、大阪市内にある店舗はごくわずか。全国的に見ても、ほとんどの店舗がローカルな地域で、長年、盛業を続けています。

では、人口の少ないローカルでも、なぜ成功することができるのか。「やきとり大吉」は、後でもお話しするように、毎月の経費、いわゆるランニングコストを抑えた小さなやきとり屋なので、1日に20人のお客様にご来店いただければ、経営が十分に成り立つからです。1日に20人だけで良いので、わざわざ家賃が高い大都市圏に出店する必要はなく、人口の少ないローカル立地でOKなのです。

戦わずして勝つ立地戦略のポイントがここにあります。

ただし、家賃が安ければ、どこでも良いというわけではありません。当然、どんなに頑張っても難しい場所には出店しません。

家賃が安くて、1日に20人のお客様にご来店いただける立地。これを見極める立地選びのノウハウを、大吉は40年の実績の中で蓄積してきました。

例えば、一見、人通りが少なく、飲食店が成立しなさそうでも、「地元にやきとり屋ができたら嬉しい」という地域の人たちの声なき声が聞こえてくるような立地、つまり、潜在ニーズが存在する立地は全国各地にあります。そうした立地で、なおかつ、お客様が立ち寄りやすい路面店である、店頭に設置する看板がよく目立つ……などの諸条件をクリアした物件だけに、大吉は出店します。

一般的には二等立地、三等立地であっても、大吉にとっては一等立地とも言える立地だけに出店しているので、潰れる確率は極端に小さく、成功する確率の方がはるかに大きいのです。

この立地の見極めは、大吉ならではのノウハウです。一朝一夕でどうにかなるようなノウハウではありません。

そのため、大吉の出店場所は、成功する条件を満たした立地であるかどうかを本部が吟味します。本部のＯＫが出なければ開業できません。

それほど、立地の見極めは重要なのです。大吉を開業する店主たちに成功してもらうために、立地は決して妥協しません。この点も、大吉の成功ノウハウを語る上で、決して欠かすことのできないポイントです。

流行は追わない。定番の「焼鳥」にこだわって安定した人気を誇る

一時は行列ができるほど繁盛していたのに、いつの間にか閑古鳥が泣くようになって潰れてしまう…。飲食店では、そんな厳しい現実もあります。テレビや雑誌で行列ができる店として持て囃されても、人気が長続きするとは限りません。

特に流行に便乗した店は、一時は繁盛しても、長続きしないケースが目立ちます。「新しいものにはすぐに飛びつく。でも、新しいものはすぐに飽きられる…」。流行を追うと、そうした消費者の「飽きっぽさ」の影響をもろに受けやすいため、長続きしにくいのです。

その点、「やきとり大吉」は、下手に流行を追ったりはしません。昔も今も、老若

男女が大好きな「焼鳥」という定番にとことんこだわってきたことが、時代に関係なく、安定した人気を誇っている理由です。

焼鳥の品揃えについても、「はさみ(ねぎま)」、「つくね」、「かわ」、「み(もも肉)」という王道の焼鳥が、昔も今も人気の上位です。大吉のタレは創業以来、受け継がれてきた秘伝の味ですが、この大吉のタレで味わってもらう王道の焼鳥をメインにしながら、「ねぎバンバン」、「チキンチーズ」などの創作焼鳥も用意し、適度に変化も楽しんでもらえるようにしています。

焼鳥の大きさについても、大き過ぎず、小さ過ぎずの適量を追求しています。ジャンボサイズのようなインパクトはありませんが、誰が食べても焼鳥本来の美味しさを実感できる大きさです。大吉の焼鳥がお客様に飽きられることなく、「何本でも食べたくなる」と言ってもらえるのは、この適量の大きさも理由なのです。

そして、焼鳥の素材である鶏肉は、原価面でも優等生です。牛肉などに比べれば相場の変動が小さく、全国どこでもそれほど変わらない価格で仕入れることができます。

この優等生の能力を最大限に引き出した焼鳥専門店が「やきとり大吉」であり、全国各地での安定経営を可能にしています。

■「やきとり大吉」の焼鳥メニュー(抜粋)

40年の結論。「セントラルキッチンを作らなくて正解だった」

大吉には、セントラルキッチンがありません。これまで作ったことも無ければ、これから作るつもりもありません。これだけの店舗数があるのに、なぜセントラルキッチンを作らないのかと、よく聞かれます。

理由は簡単です。各店舗での「店内仕込み」の方が、お客様に美味しい焼鳥を提供することができるからです。

セントラルキッチンで大量に仕込めば効率的ですが、店舗に届くまでに時間を要するため、どうしても鮮度が落ちます。中には、串に刺した後、冷凍状態で流通している焼鳥もありますが、冷凍にしたら鮮度が落ちるのは言うまでもありません。

それに対して、大吉の店内仕込みは、各店舗で店主自らが串に刺します。店内で仕込んだ新鮮な状態のものを焼き上げるので、大吉の焼鳥は美味しいのです。加えて、大吉の秘伝のタレが、その美味しさを一層引き立てています。

そして、専用グリラーで丁寧に焼く「店主の技術」も美味しさの理由です。焼鳥の調理法はシンプルですが、仕込みの仕方、焼き方一つで味は変わります。焼鳥専門店として、そうした焼鳥の技術の本質的な部分も大切にし、店主が一本一本、真心込めて作ることにこだわってきたからこそ、大吉の焼鳥は愛されています。

「セントラルキッチンを作らなくて正解だった」。大吉の焼鳥が、40年の長きに渡って愛されてきた今、まさにそう実感しています。同時に、店主が真心込めて作る美味しい焼鳥には、これからも愛され続ける〝不滅〟の魅力があると確信しています。

店主の個性が、店の個性。接客マニュアルはあえて作りません

全国に店舗がある大吉グループはチェーンではありますが、それぞれの店舗に、それぞれの店主がいます。会社に雇われている店長ではなく、自らお店を経営する店主です。

必ず店主が店に立つことが大吉を開業する際の絶対条件であり、その点が、必ずしもＦＣオーナーが店に立つとは限らない他のチェーン店との大きな違いです。

そして、店主が店に立つことを絶対条件にしているのは、「地域密着」の経営に徹することが、地域で長くお客様に愛される最大の秘訣であるからに他なりません。

地域のお客様に、「ここに来るとなんだかホッとする」、「また来たくなる」と言って

いただけるのが「やきとり大吉」です。「ホッとする」と言っていただけるのは、どこか懐かしいような、木を多く使った温かみのある内装も理由ですが、最も大きな理由は、「常に店主が店にいる」という安心感があるからです。

「店主の顔が分かる店」であることにこだわってきた大吉は、店主一人一人の個性を大切にしています。そのため、接客マニュアルをあえて作っていません。店主の「目くばり」「気くばり」「心くばり」が、その店の個性となるよう、あえて作らないのです。

つまり、「やきとり大吉」は、全国展開しているチェーン店としての信頼と、店主の個性を大切にした個人店の魅力の両方で成り立っています。

この絶妙なバランスも大吉の大きな強みであり、「チェーン店の良さ」と「個人店の良さ」を生かした店づくりをどのように行っているのかについては、第4章でもお話ししたいと思います。

AIの時代が来る？ならば、大吉の「人間味」がますます魅力に！

店主にとっては「お客様を覚えやすい小さな店」。お客様にとっては「店主の顔が分かる店」。そんな「やきとり大吉」を一言で表現するなら、「人間味のある店」ということになります。

自然に店主とお客様とのつながりができ、お客様同士が語り合う地域のコミュニティー的な役割も果たしています。カウンターから席が埋まることが多いのも、「いらっしゃいませ」と店主が迎えると、お客様から「ただいま」と返事が返ってくるような関係が築かれているからです。

中には、こんな話もあります。ある店主は開業から30年以上盛業を続け、息子を大学に行かせました。息子を大学に行かせる際、30年来、毎週のように通ってくれている常連客に、「○○さんが毎週通ってくれたおかげで、息子を大学に行かせることができました（笑）」と、半分冗談、半分本気といった感じで感謝の言葉を伝えたら、とても喜んでくれたそうです。このように、お客様と人生を共有するようなつながりもできます。

また、お客様とのつながりは、何も会話のコミュニケーションだけではありません。実際、お客様は話し好きばかりとは限りませんし、店主にしても口数が少ないタイプもいますが、それでも「信頼感」というつながりができます。

大吉は、すべてのお客様から調理している様子が見えるので、心をこめて一所懸命、美味しい焼鳥を提供する店主の姿が信頼感を生みます。こうした信頼感も含めてお客様とのつながりを大切にし、人間味のある店づくりにこだわってきました。

今の時代は、あらゆるものがアナログからデジタルに移行しています。これからはＡＩの時代になるとも言われますが、だからこそ一方では、人と人との直接的なつながりが、より求められるようになっていくのではないでしょうか。大吉がこだわっている「人間味」のある店づくりは、これからのデジタル時代にますます大きな魅力になるように思います。

「なりわい（生業）」に徹した「小」は「大」にも勝てる！

大吉がとても大切にしてきたことの一つに、「なりわい（生業）」に徹するという考え方があります。「なりわい（生業）」とは、辞書によれば「生活を営むための仕事」といった意味ですが、私たちがこの言葉を大切にしているのは、人を使うのが「事業」であるのに対し、すべて自分でやるのが「なりわい（生業）」だと考えているからです。

基本的に店主が自分で食材を仕入れ、仕込み、調理をし、掃除や片付けも行う大吉は、まさに「なりわい（生業）」です。そして、「なりわい（生業）」に徹した飲食店というのは、本来、大手チェーンにも負けない強さを持っているのです。

例えば、セントラルキッチンがない「やきとり大吉」は、店主が地元で食材を仕入れます。鶏肉は地元の鶏肉屋から仕入れ、野菜は地元の八百屋やスーパーで購入し、店主が自分の目で食材を吟味します。

仮に、仕入れた鶏肉の品質が良くなければ、返品することだってあります。野菜も実物を見ながら購入するので、より状態の良いものを選ぶことができます。このように仕入れ一つとっても、店主がすべて自分でやることが、商品のクオリティーを高めます。業者任せや、スタッフ任せの店では、なかなかこうはいきません。

掃除にしても、そうです。店主が自らやるので、掃除が行き届いていないのをスタッフのせいにしたりはできません。すべて自分でやることが、清潔感を高いレベルで維持することにつながります。

飲食店がお客様に満足してもらうには、いわゆるQ(クオリティー)・S(サービス)・C(クレンリネス)が大切になります。「なりわい(生業)」に徹することで、このQSCを高いレベルに持っていくことができるからこそ、飲食店は小が大に勝てるビジネスなのです。

すべて自分でやるので大変な面はありますが、その分、「今日も美味しかったよ」、「いつも掃除が行き届いているね」といったお客様の一言が大きな喜びになります。お客様に満足してもらった結果として利益も増え、店主や家族の生活が潤えばモチベーションがさらに高まり、ますます「いい店」になっていきます。ここに、「なりわい（生業）」の強さがあります。

また、良い意味で、本当の「一人」ではありません。大吉グループというチェーン店としての後ろ盾があります。

「なりわい（生業）」には強さだけでなく、弱さもありますが、本部がそこを的確にカバーすることで、潰れず、長く愛される「やきとり大吉」をこれからも全国各地に誕生させ、一人でも多くの店主に成功を手にしてもらいたいと思っています。

第2章

こんな自分でも開業できる？はい、できます！

やる気があるなら、臆することなく開業への一歩を踏み出そう

「失敗のリスクが低く、長く店を続けることができそうなので、自分も大吉で開業したい！」。第一章で、大吉が「潰れず、長く愛される」理由を知って、すでにそう思った方もいるかもしれません。

また、「3年で1000万円の貯金も夢じゃないなら、自分も挑戦したい！」と、お金欲しさに心に火が点いた方もいるかもしれませんが、最初の動機としては、それも大いに結構です。「儲けたい！」という欲も、立派な起業のエネルギーです。

どんな動機であるにせよ、起業を目指す人にまず必要なのは、「自分は経営者になって成功したい。そのための努力を惜しまない」という「やる気」です。

そして、「大吉で開業したい！」とやる気になった方が、次に考えるのは、「本当に自分でも開業できるのだろうか？」ということでしょう。

「こんな自分でも調理や接客が務まるのか？」。「開業資金の蓄えが少ないけど大丈夫だろうか？」実際に大吉の開業希望者は、多かれ少なかれ、そうした不安を持ちながら相談にやってきます。

そこで、この第2章では、大吉の「研修」と「開業プラン」について説明します。まったくの素人が3ヶ月でスキルを修得できる店舗での実地研修と、加盟金150万円の低資金で自分の店を持つことができる開業プランです。

この研修と開業プランによって、最初は不安を持っていた開業希望者たちも、大吉で経営者になる夢を実現しました。

だから、やる気があるのであれば、臆することなく開業への一歩を踏み出しましょう。大吉は、飲食業の経験・未経験を問わず、幅広い年代の人たちに独立開業の門戸を開いています。

開業までには本部面談や社長面接があり、開業希望者のすべてが必ずしも開業できるとは限りませんが、やる気さえあれば、誰もが独立開業で成功するチャンスがあることを、大吉のこれまでの実績は証明しています。

「包丁すらにぎったことがない…」。まったく問題ありません！

「包丁すら握ったことがないのですが、大吉で独立できますか？」。飲食業が未経験の開業希望者からは、よくこんな質問を受けますが、心配は無用です。

現在、「やきとり大吉」を経営している店主の実に約8割が、飲食業の未経験者です。前職は会社員やトラック運転手、美容師など様々。会社員の前職も、メーカーや不動産の営業職や事務職、銀行や証券会社の金融関係、アパレルやデパートの販売員、ホテルや旅館の宿泊業…等々、本当に多岐に渡り、ちょっと変わったところでは元ミュージシャンや元お笑い芸人もいます。

こうした飲食業の未経験者たちが、3ヶ月の研修で焼鳥職人としての技術を修得し、焼鳥専門店の経営者として独立開業を果たしています。

また、飲食業の経験者であれば、それはそれで大歓迎です。実際に居酒屋チェーンなどの出身者が大吉で独立開業を果たしたケースも少なくありません。

研修では、飲食業の経験者だからといって特別扱いはしません。大吉で独立するからには、過去の経験があっても、一からすべてを学んでもらった方が成功への近道だからです。

「話すのが、あまり得意ではない…」。それも大丈夫です！

開業希望者の中には、「自分は人と話すのが、あまり得意ではないのですが、接客が務まるでしょうか」と心配する人もいます。それも、大丈夫です。

明るい性格で、話し好きであれば、それが長所になりやすいのは確かですが、だからといって口数が少ないとダメということは決してありません。

大吉の店主の中には、口数は少なくても、いつも朗らかな笑顔を浮かべてお客様に愛されているタイプもいます。あるいは、一見、強面なタイプが、料理を手渡す時などにはニコッとした笑顔を見せ、お客様の心を掴んでいます。接客の基本さえ修得すれば、後は第一章でもお話ししたように大吉に接客マニュアルはなく、店主の個性が店の個性になります。

そして、肝心の接客の基本については、大吉の研修で修得することができます。中には最初、「いらっしゃいませ」や「ありがとうございます」をハキハキと言えない人や、お客様を目の前にすると緊張してかたまってしまう人もいますが、そうしたタイプでも、3ヶ月の研修が終わると見違えるような接客ができるようになります。接客についても、最初から無理とあきらめる必要はまったくありません。

例えば、人が好き。それだけでも成功する資質は十分

「大吉に向いているのは、どんなタイプですか？」。これもよく聞かれるのですが、今、お話ししたように大吉は、飲食業の未経験者も経験者も、明るい性格の人も暗

めの性格の人も、様々なタイプが成功しています。どんなタイプが向いているのかを、しいて言えば、「人が好き」というタイプや、「前向きで元気」なタイプです。

人が好きであれば、お客様の笑顔一つで、より頑張ることができます。前向きで元気であれば、多少、不器用であっても大丈夫です。

人が好き。前向きで元気。これらに当てはまれば、それだけでも大吉で成功を手にする資質は十分です。

必ず成功して欲しい！その思いが3ヶ月の研修に詰まっています

研修を受ければ、まったくの素人が焼鳥職人の技術を身につけることができる。研修を受ければ、最初とは見違えるような接客ができるようになる。

この魔法のような研修にも、大吉のノウハウが詰まっているわけですが、その大事なポイントについてもお話ししておきたいと思います。

まず、先述したように、大吉の実地研修は3ヶ月に及びます。一般的なチェーン店の研修は2週間程度で、長いところでも1ヶ月くらいなので、3ヶ月というのは異例の長さです。実は魔法なんかではなく、時間をかけて調理や接客の技術をしっかりと修得してもらっているのです。

中には、長い研修期間の途中で、弱音を吐いてしまう人もいます。研修で教わったことが、なかなか上手くできず、悔しい思いをすることも少なくないからです。それでも、3ヶ月をかけて、文字通り、みっちり教え込むのは、大吉で独立開業する人たちに、必ず成功して欲しいからに他なりません。

また、大吉の3ヶ月の実地研修は、1ヶ月ずつ、計3店舗の店主の元で学んでもらいます。技術を修得しながら、異なる地域で成功しているそれぞれの店主の仕事観や人生観も身近で感じてもらい、経営者としての心構えを確立してもらうのです。3人の店主の仕事観や人生観を直に吸収できるのは、これから経営者になる人にとって本当に貴重な体験です。

大吉本部から研修を任された店舗の店主たちは、大吉愛に溢れています。決して優しいばかりではなく、時には心を鬼にして厳しい指導も行いますが、それも大吉で独立開業する人たちに「成功して欲しい」と心から願っているからです。開業した後も、温かく弟子を見守る師匠のような存在として、何かと気にかけてくれたり、相談にのってくれたりします。

厳しさの中にも、愛情が溢れている。そんな大吉の研修が、開業後も逞しく成長していく店主たちを輩出しています。

研修1ヶ月目：飲食店の基本をイチから学ぶ。仕込みの基礎も伝授

それでは、大吉の3ヶ月の研修の主な内容を、研修1ヶ月目から順に紹介したいと思います。飲食業が未経験でも、「飲食の基礎」、「大吉商売の基礎」から学び、最終的には焼鳥専門店の店主としてのスキルがしっかりと身につく流れになっています。

■研修1ヶ月目（1店舗目）

大吉は、約10坪の小さな店舗を、店主が焼台の前に立って運営します。つまり、店主の立ち居振る舞いや言葉づかいが店舗の雰囲気を作るということです。そこで、

研修の初日は、身だしなみ、声の出し方、衛生管理などから学びます。

「考える時に難しい顔をするクセがあるようだけど、全部お客様に見えているよ。常に笑顔を心がけよう」、「声がこもりやすいようだけど、店内に通る声でやりとりをすることが活気のある店作りの第一歩。元気の良い声を出すよう、常に意識しよう」、「マメな手洗いの徹底を習慣づけないとね」…等々、研修を受ける人のクセなども踏まえた的確な指導が行われます。

翌日からは、包丁の持ち方、肉の切り方、串の刺し方などの「仕込み」の基礎が始まります。「仕込みでは串の先端を出さないように心がけよう。口に入った時の最初の味が、焦げた串の味では美味しいはずがないからね」といったキメの細かい指導が、毎日の営業を通して、先輩店主からどんどん伝授されます。

研修2ヶ月目：実践でスキルアップ！サービスの工夫も学ぶ

■研修2ヶ月目（2店舗目）

見よう見まねの1ヶ月が過ぎ、2ヶ月目に入る頃からは、仕込みの種類と量を増やしていきます。サイドメニューを含め、店のオープンまでに必要な1日の仕込み、準備を学び、数をこなして覚えていきます。同時に焼鳥の焼きの技術や、接客にも磨きをかけていきます。

また、研修中にはビール工場で、「本当に美味しい生ビールの入れ方」を学びます。焼鳥には欠かせない、「細かいクリーミーな泡の生ビール」が提供できるように、生ビールができる仕組みから工場で直接教わります。

さらに、サービスの工夫も学びます。例えば、最初にご飯類の注文が入った場合は、お客様にいつお出しするかを確認し、ご要望や食事のペースに合わせて調理を始めます。こうした目配り、気配りの一つ一つの行動に、長くお客様に愛される秘訣が詰まっていることを、実践を通して学びます。

研修3ヶ月目：店主に必要なスキルを修得。いざ、念願の開業へ！

■研修3ヶ月目（3店舗目）

3ヶ月目は、研修の集大成になります。例えば、焼鳥の焼きなどの作業だけに集中し過ぎていると、「次に何が必要かを考えて行動している？」と、研修店舗の店主から指摘が飛びます。このように、ピーク時でも冷静に店を回せることができる仕事の仕方なども実践の中で繰り返し学び、大吉の店主に必要なスキルを修得します。

また、3ヶ月目になると、営業許可申請や店舗近隣への引っ越し準備、開業準備物の手配、アルバイト募集など、研修以外に必要な作業が増えます。本部や研修店の指示やサポートにしたがって、こうした開店準備も進めます。

そして、いよいよ開業となりますが、オープン前には大吉恒例の「前夜祭」があります。「前夜祭」は、大吉本部を始め、近隣の大吉店主や関係者が集まり、店主として開業できるかを確認する最終テストです。スキル不足な状態でオープンしても、焼鳥専門店として長く続けていくことはできません。ここをクリアし、より万全な状態で大吉の店主としてのスタートを切ってもらいます。

■3ヶ月間の研修の流れ

研修1ヶ月目

身だしなみ・
声の出し方・
衛生管理を学ぶ

仕込みの基礎を学ぶ

店舗で接客を
体感する

研修2ヶ月目

仕込みの種類と量を
増やし、スピードを
上げていく

ビール工場での
「生ビール講習」を
受ける

サービスの工夫を学ぶ

研修3ヶ月目

開業に必要なレベルの到達に向け、一層のスキルアップに努める

開業に必要な営業許可申請などの手続きをする

オープン前の前夜祭

お金はないけど、やる気はある。そんな人のための「ユーザー方式」

より多くの人たちにチャンスを掴んでもらうために、低資金で開業できるプランの内容についてもお話ししたいと思います。

「やきとり大吉」には、主に2つのパターンの開業プランがあります。その一つが、加盟金150万円の低資金で開業できるプランで、これを「ユーザー方式」と呼んでいます。

この「ユーザー方式」は、大吉本部が所有する店舗を借り受けて開業することで、低資金での開業を可能にしたプランです。

加盟金150万円の他に、別途実費で約100万円が必要ですが、一般的なチェーン店では、店舗取得費や設備費を含めて開業費用が３０００万円以上になるケースもある中、破格の低資金で開業できるようにしたのが大吉の「ユーザー方式」です。

お金はないけど、やる気はある。そんな人たちが、これまで「ユーザー方式」で独立する夢を叶えてきました。まだ蓄えが少ない20代や30代前半の若い時に独立を果たした大吉の店主が多いのも、この「ユーザー方式」があるからです。

ユーザー方式は、店舗を借り受けるため、開業後、毎月の店舗使用料の支払いが必要にはなりますが、これだけの低資金で開業できる飲食店のＦＣチェーンはそうそうありません。「開業資金は少ないけど、本気で開業を目指している」という人に、ぜひチャレンジしてもらいたい開業プランです。

また、「ユーザー方式」の別プランとして、いわゆる「０円開業」のプランもあります。開業時の実費として約１００万円は必要ですが、加盟金は０円です。

大吉の基本的な方針としては、加盟金150万円は自分で準備してもらいたいと考えていますし、「0円開業」の場合は相当に審査も厳しくなりますが、本気でやる気のある人にチャンスを広げるための、特例のプランとして用意しています。

日本全国、希望のエリアで出店できる「グループ方式」

大吉のもう一つの開業プランは、「グループ方式」と呼んでいます。大吉本部が所有する店舗を借り受けて開業する「ユーザー方式」とは違い、「グループ方式」は最初から店舗のオーナーとして開業することができます。

150万円の加盟金の他に、100万~300万円の物件取得費、1100万円の内外装造作工事費が必要なので、開業時の初期費用は1350万円〜になりますが、毎月の店舗使用料の支払いは必要なくなります。その分、毎月の店主の収入が増えるのが「グループ方式」です（78〜79Pの収益モデル参照）。

前職の会社勤めなどで、開業資金を蓄えた30代から50代の人たちが、「グループ方式」で大吉を開業しています。

1350万円〜というのは、「ユーザー方式」に比べると高く感じるかもしれませんが、一般的な飲食店開業の初期費用、いわゆるイニシャルコストとしてはかなり安いのです。高い家賃を避けた10坪前後の小さな店舗なので、物件取得費や内外装造作工事費を抑えることができるのです。

また、最初は低資金で開業できる「ユーザー方式」で独立してから資金を蓄え、途中から「グループ方式」に移行して、長年、盛業を続けている店主も少なくありません。手持ちの資金額や、店主の考え方に応じて、開業の仕方、店の続け方を選択できるのが、大吉の「ユーザー方式」と「グループ方式」という2つのプランです。

ランニングコストが低い。だから手元にしっかりと利益が残る

2つの開業プランについて説明したので、開業後のそれぞれの収益モデルも紹介します。「ユーザー方式」と「グループ方式」の「月商150万円モデル」と「月商200万円モデル」です（78～79P参照）。

まず、「月商150万円モデル」と言われると、月商が500万円を超えるような立地の良い店、広い店で働いた経験がある人などは、「月商がたったの150万円…」と思ったかもしれません。

しかし、そこに飲食店で失敗する人が陥りやすい盲点があります。飲食店の経営では、売上額が大きいからといって、必ずしも十分に利益が出ているとは限りません。好立地は家賃が高く、店が広ければスタッフの人数も増えるので人件費も高くなります。さらに競合が激しい一等立地などでライバル店に勝つには、割引や宣伝費のコストもバカになりません。これらのランニングコストが高いため、売上額は大きくても、十分に利益が出ていない飲食店は少なくないのです。

一方、「やきとり大吉」は、第1章でお話ししたように家賃が安い場所にしか出店しません。少人数でも回せる10坪前後の店なので人件費も抑えられ、競合の少ない地域密着経営なので割引や宣伝も基本的に必要ありません。さらに言えば、焼鳥専門店として絞り込んだメニューなので、食材ロスも少ないのが大吉です。

このようにランニングコストが低いので、大吉は月商150万円でも十分に利益が出ます。収益モデルにもあるように、月商150万円で店主の収入は「ユーザー方式」が50万円、「グループ方式」が60万円。仮に生活費を20万円とすると、毎月30～40万円を貯蓄できる計算になります。3年で1000万円の貯金は決して夢などではなく、大吉ではいたって現実的なことなのです。

ロイヤリティーが「毎月固定」なので、がんばった分が自分に！

もう一つの収益モデルは「月商200万円モデル」です。月商200万円ともなれば、わずか1年半～2年ほどで1000万円を貯蓄することも可能です。これも十分に実現可能な収益モデルとして紹介しました。

そして、「月商200万円モデル」を参考例として、もう一つ、お伝えしたいことがあります。大吉の大きな特徴であるロイヤリティーの仕組みです。大吉は、本部に支払うロイヤリティーの金額3万円が、「毎月固定」なのです。

一般的にチェーン店は、売上が高ければ、その分、ロイヤリティーも高くなる「変動制」にしています。それに対して、大吉は「毎月固定」なので、紹介した「月商200万円モデル」のように売上が高くなっても、ロイヤリティーが高くなることはありません。つまり、売上が高くなればなるほど、その分、店主の儲けがどんどん増えます。

これは、店主にとって、とてもやりがいのある仕組みです。店主が頑張ったら頑張った分、自分に返ってくるからです。ロイヤリティーの「毎月固定」も、店主の努力がより報われる仕組みとして、大吉がずっとこだわってきたことの一つです。

■「やきとり大吉」の2つの開業プラン

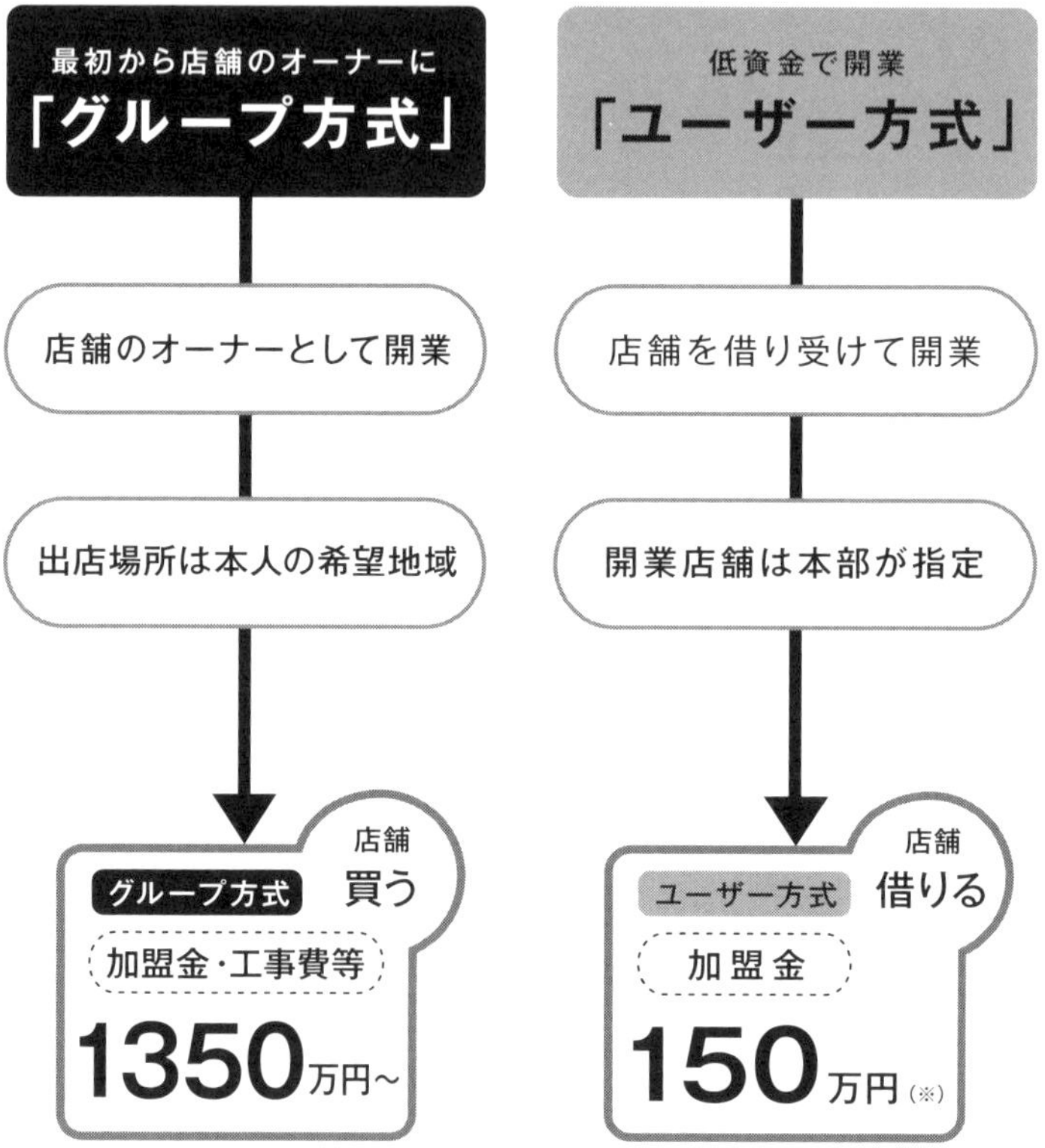

※別途、開業時の実費約100万円が必要。

■開業までの流れ

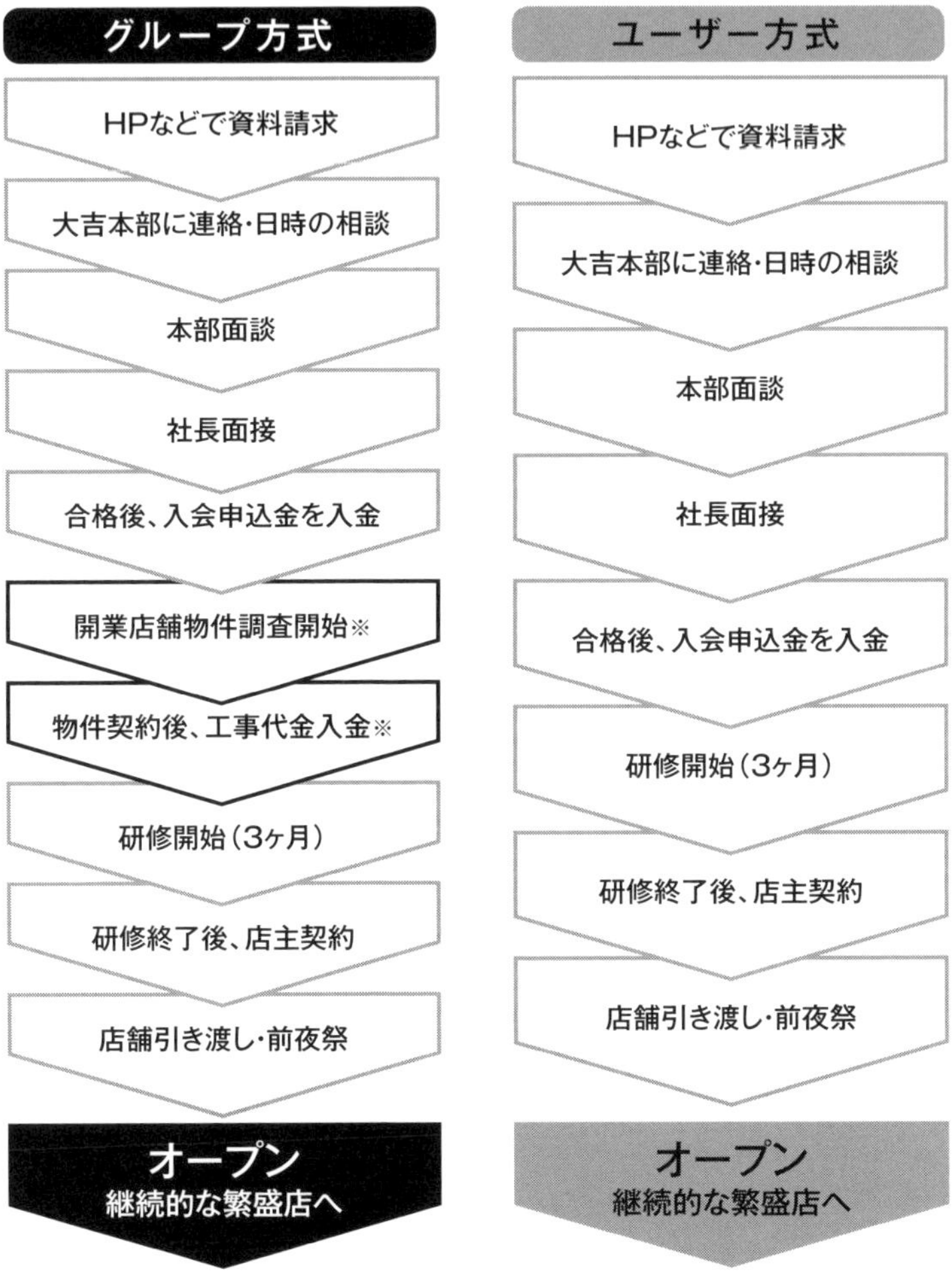
グループ方式
HPなどで資料請求
大吉本部に連絡・日時の相談
本部面談
社長面接
合格後、入会申込金を入金
開業店舗物件調査開始※
物件契約後、工事代金入金※
研修開始（3ヶ月）
研修終了後、店主契約
店舗引き渡し・前夜祭
オープン
継続的な繁盛店へ
ユーザー方式
HPなどで資料請求
大吉本部に連絡・日時の相談
本部面談
社長面接
合格後、入会申込金を入金
研修開始（3ヶ月）
研修終了後、店主契約
店舗引き渡し・前夜祭
オープン
継続的な繁盛店へ

※物件状況により期間が異なる

■「やきとり大吉」の収益モデル

ユーザー方式の収益モデル

○店舗：営業年数/3年目　営業時間/17：00〜24：00　客層/サラリーマン・OL中心（土日は家族連れ）
　立地/住宅地（商店・事務所あり）　店舗規模/店舗10坪・20席　従業員/店主夫婦とアルバイト1名
○店主前職：会社員（飲食未経験）

＊収益モデルはあくまでも一例です。内容を大吉本部が保証するものではありません。

月商150万円モデル

売上　月商 **150**万円

店主の収入　**50**万円

（生活費20万円/貯金30万円）

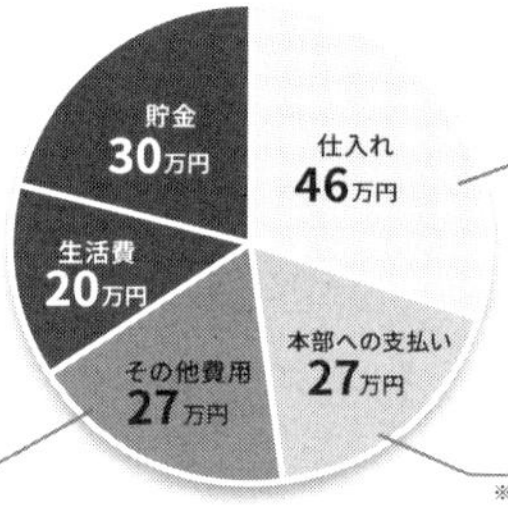

酒	24万円
肉	12万円
野菜・その他	10万円

その他費用内訳

人件費	10万円
水道光熱費	8万円
雑費	9万円

本部への支払い内訳
（毎月固定）

店舗家賃	12万円
店舗使用料	11万円
ロイヤリティー	3万円
大吉グリラーフィー	1万円

※家賃・店舗使用料は店舗により異なります。

月商200万円モデル

売上　月商 **200**万円

店主の収入　**70**万円

（生活費20万円/貯金50万円）

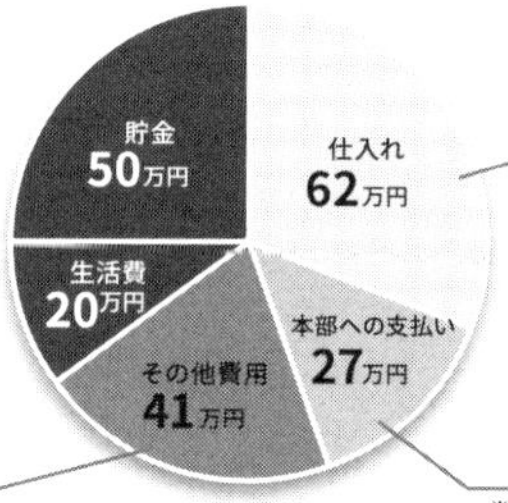

酒	34万円
肉	16万円
野菜・その他	12万円

その他費用内訳

人件費	20万円
水道光熱費	9万円
雑費	12万円

本部への支払い内訳
（毎月固定）

店舗家賃	12万円
店舗使用料	11万円
ロイヤリティー	3万円
大吉グリラーフィー	1万円

※家賃・店舗使用料は店舗により異なります。

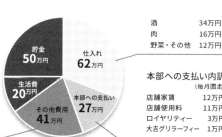

グループ方式の収益モデル

○店舗：営業年数/3年目　営業時間/17：00〜24：00　客層/サラリーマン・OL中心（土日は家族連れ）
立地/住宅地（商店・事務所あり）　店舗規模/店舗10坪・20席　従業員/店主夫婦とアルバイト1名
○店主前職：会社員（飲食未経験）

＊収益モデルはあくまでも一例です。内容を大吉本部が保証するものではありません。

月商150万円モデル

売上　月商**150**万円

店主の収入　**60**万円

（生活費20万円/貯金40万円）

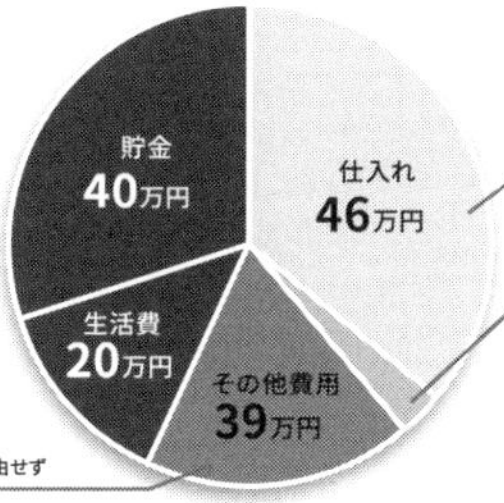

酒	24万円
肉	12万円
野菜・その他	10万円

本部への支払い**5**万円

本部への支払い内訳（毎月固定）

ロイヤリティー	3万円
大吉グリラーフィー	1万円
改装積立金	1万円

その他費用内訳

人件費	10万円
水道光熱費	8万円
雑費	9万円
家賃	12万円

（家賃は店舗により異なります）本部経由せず

月商200万円モデル

売上　月商**200**万円

店主の収入　**80**万円

（生活費20万円/貯金60万円）

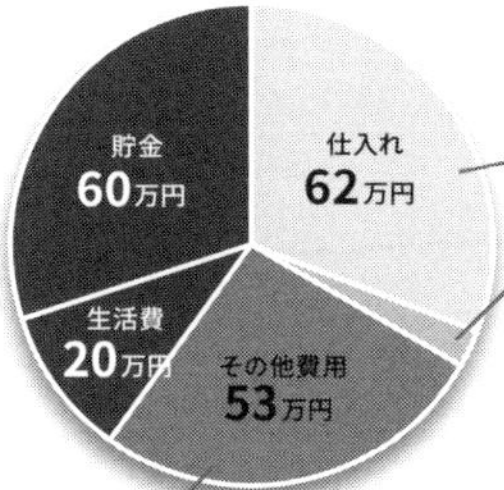

酒	34万円
肉	16万円
野菜・その他	12万円

5万円

本部への支払い内訳（毎月固定）

ロイヤリティー	3万円
大吉グリラーフィー	1万円
改装積立金	1万円

その他費用内訳

人件費	20万円
水道光熱費	9万円
雑費	12万円
家賃	12万円

（家賃は店舗により異なります）
本部経由せず

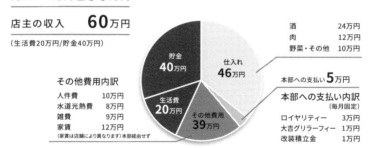

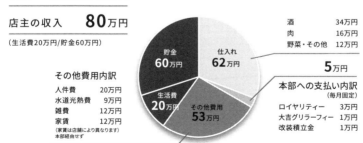

大吉ほど「安心感」も「やりがい」もあるスモールビジネスはない

大吉の「研修」と「開業プラン」について説明しました。「自分でも開業できそうだ！」と思っていただけたら何よりですし、これだけページ数を割いて研修と開業プランについて力説させてもらったのは、その仕組みに確固たる自信があるからに他なりません。

繰り返しになりますが、「やきとり大吉」は失敗のリスクが低い「小商売」、すなわちスモールビジネスです。それでいて、日々努力してコツコツと利益を積み重ねれば、結果として大きな儲けを手にすることもできます。

今、世の中には、飲食業に限らず、様々なスモールビジネスが登場しています。それでも、大吉のように、低リスクの安心感が大きく、商売のやりがいも大きいスモールビジネスは、そうそうないのではないでしょうか。大吉のスモールビジネスには、40年間の実績に裏打ちされた成功法則が詰まっています。

また、最近はネットビジネスなどのスモールビジネスもありますが、そうしたデジタルの世界にはない、リアルな人と人とのつながりが大吉にはあります。それが日々、商売を続けていく上での楽しさや励みになり、より大きなやりがいを得ることができます。この点は、第3章で紹介する大吉店主の声を読んでいただけると、よく分かるので、ぜひそちらもご一読いただければと思います。

第3章

「成功のカタチ」が、たくさんあります

1000通り以上の「成功のカタチ」を作ってきた！

大吉は、研修にしても開業プランにしても、チェーン店としての一定のルールの中で開業してもらいますが、開業後の「成功のカタチ」は店主によって様々です。大吉の「なりわい（生業）」とは、店主の生き方そのものだからです。

どんな人生を送りたいのか。店主の価値観や考え方によって、大吉の『成功のカタチ」はたくさんあります。大吉は、店主が自分の価値観や考え方に合った商売の仕方をすることもできるのです。

もちろん、それは店主が何でも自由にやってよいということではありません。チェーン店として必ず守ってもらわなければならないことは、しっかりと守ってもらいます。「繁盛したからといって慢心は禁物」、「儲けが増えたからといって散財はしない」などのアドバイスもします。

それでも店主には、それぞれの価値観や考え方があっていいのです。

大吉という商売のどこに大きな喜びを感じているのか。この先、どんな目標を掲げているのか。どれくらい儲けたいのか。大吉の仕事以外のプライベートでは何を大切にしているのか。それぞれの価値観や考え方に合わせた「成功のカタチ」を築いてもらえればと思っています。

また、大吉の店主になれば、日々の商売の中で、様々な気づきや学びがあります。それぞれの店主が、日々の気づきや学びを生かして、自分らしいカタチでより良い店にしていくことができるのも、大吉という商売の醍醐味です。

大吉はこれまでに、1000を大きく上回る人数の店主を輩出してきました。その全員が成功したとは言いませんが、商売を全うして高齢のためにリタイアした店主なども含めれば、１０００通り以上の「成功のカタチ」を作ってきたとも言えます。

それだけ様々な「成功のカタチ」がある大吉の商売の魅力を知ってもらうために、本書で、現在活躍している大吉店主の声も紹介したいと思います。大吉グループ全体から見れば、本当に一部ですが、大吉で独立した店主の思いや目標、気づきや学びを通して、大吉という商売の醍醐味を、よりリアルに実感していただけると思います。

店主の声①「お客として通い、自分もこんな店を持ちたいと思った」

■店主Aさん(東京都)
2015年開業「ユーザー方式」→「グループ方式」(店舗買い取り)
〈プロフィール〉…健康食品の販売促進の仕事をしている頃、「35歳までに何かの飲食で自分の店を持つ」と決め、開業資金を少しずつ貯金。近所で通っていた大吉で独立できることを知り、迷わず応募した。前職が出張の多い仕事だったこともあり、第1子が生まれたことも、大吉開業を決意するきっかけになった。

販売促進の仕事をしながら、お客さんとして近所の大吉に通っていました。その店は地元の常連の方を中心に楽しそうに営業されているように見え、「いつか自分もこんな店を持ちたいな」とひかれるようになり、「独立開業＝大吉」と思うようになりました。

本部の開業相談時に、「他の大吉や他の業態もよく見ること。その上で納得し、覚悟をもってから来てください」と言われました。

そこで、何店舗か訪問し、それぞれの店主さんにもいろいろと話を聞かせていただき、最終面接に臨みました。３ヶ月の研修では、飲食店の基本、焼鳥の技術を徹底して学び、店主の人柄や姿勢が店の雰囲気を作っていることに気づきました。研修で学んだ「やきとり大吉」の基礎を大事にしていれば売上につながっていく。そう実感できる研修でした。

オープン直前に行う「前夜祭」（最終テスト）は、正直、緊張しっぱなし。本部の方から「合格。予定通りにオープンしましょう」と言ってもらった瞬間は、涙が出るほど感動しました。

オープンしてから気づいたことは、大吉ファンが多くいるということ。「大阪ではよく通っていたよ」、「札幌ではお世話になってね」と暖簾をくぐってくださるお客様もいらっしゃいます。「大吉を知っている」お客様にも、「大吉を知らなかった」地元のお客様にも「愛される大吉」を目指して、これからも真面目に営業していきます。

店主の声②「美味しいの一言を聞く度に、開業して良かったと実感」

■店主Bさん（大阪府）　2011年開業「グループ方式」

〈プロフィール〉…妻と娘3人の5人家族。金融会社で18年間営業を経験し、2011年4月にグループ方式で開業。もっと気軽に女性や家族連れが楽しめる店にしたいと、夫婦で試行錯誤を楽しむ毎日。家族と一緒に過ごす時間が増えたことも、開業して良かったことの一つ。

独立の際は、やはり迷いましたね。安定した生活を捨ててしまうことになるかもしれない。そこで妻や娘たちに相談すると「お父さんが決めたことなら応援する」と言ってくれた。嬉しかったですね。家族の支えがあればやっていける。そこから具体的に独立に向けて動き出したのです。

学生時代に焼肉屋でアルバイトをしていた経験もあり、独立するなら飲食店というのは最初から頭にありました。大吉を選んだのは、近所にある店に自分がよく行っていて、その美味しさや店の雰囲気の良さを知っていたから。経営哲学やサービスに対する考え方に深く共感できたことも大きかったです。全国展開しているブランド力や、多数の独立オーナーを育ててきた実績も決め手となりました。大吉なら経営者としてやっていけそうな気がしたのです。

おかげさまで開業以来、経営は順調です。お客様から毎回美味しいと言われる度に、自分の店を持つという決断をして良かったなと思いますね。常連さんも増えており、家族と力を合わせながら末永くこの店を続けていくつもりです。

店主の声③「日々の努力で、商売も趣味も楽しんで続けられると確信」

■店主Cさん（宮城県）

2005年開業「ユーザー方式」→「グループ方式」（店舗買い取り）

〈プロフィール〉…知り合いに見せてもらった番組が大吉を知ったきっかけ。地域に根付いた店舗にするために、「お客様の求めるもの」と「自分達のやるべきこと」をよく考え、夫婦で日々改善している。開業3年後には店舗を買い取り、2016年には店舗リニューアルを実施。商売と趣味を両立し、思いの詰まった店で売上を伸ばしている。

寿司屋で働いていた時に見たTV番組で「大吉で開業ができる」ことを知り、

仕事とバイトを4年間掛け持ちし、自己資金を貯めました。「夫婦で支えあってやり続けます」と面接で約束して合格。3ヶ月の研修では、「徹底的に味にこだわる」、「明るく元気な雰囲気」、「アルバイトをきちんと教育し、大切にする」など、大吉の基礎に自分達の「思い」をプラスすることの大切さを学びました。

23歳でユーザー店主として開業し、最初の2年間はタフな時期が続きました。「自店の良い点・悪い点はお客様から学ぶ」、「妥協せずに店(自分たち)のルールを徹底する」、「ありがとうと、感謝は言葉に出す」、「馴れ合いにならない」などを実践し続けていると、2年を超えたあたりから売上がグッと上がりました。

自分たちの「思い」が徐々に地域のお客様に浸透した結果なら嬉しいですね。2016年夏には本部と相談し、店内を大幅にリニューアルしました。これからの10年、15年を見据えた、思いの詰まった店舗です。ありがたいことに想像以上の売上を記録し、自分達のモチベーションもさらに上がりました。
（金額は言えませんが）売上が良い日も悪い日も、毎日決めた額を貯金するようにしています。これは開業時に必ずやり続けると決めたことの一つです。その設定額を上げた時、自分たちが少しずつ成長していると感じます。

月3回の休みは趣味のプロレス観戦で全国へ行き、その地域の大吉に行くようにしています。ただ食事をするだけでなく、そのお店の様子をよく見て、自分達の営業に活かすようにしています。これからも夫婦で「やるべき事」のルールを崩さず、改善しながらやっていくつもりです。そうすれば、商売も人生も（趣味も）、これまで同様、「楽しんで続けていける」と確信しています。

店主の声④「自分がさぼらなければ失敗しないはず。その通りだった」

■店主Dさん（東京都）
２００８年開業「ユーザー方式」→「グループ方式」（店舗買い取り）

〈プロフィール〉…20代中頃までは音楽を仕事にし、その後、営業関係の仕事に就く。ある時、その会社で飲食部門設立の話があがり、飲食業に興味を持つが、自分自身で独立した方が性に合っていると考えるようになり、インターネットで「大吉」のことを知る。２００８年に「ユーザー方式」での独立を果たし、２０１２年にはグループ店主に。商売は、「ただ頑張るのではなく、感謝の積み重ね」を愚直にやり通すことを信条に、一つでもお客様の笑顔を作っていけたらと、夫婦でよく話している。

音楽関係の仕事を20代中頃までしていましたが、その後、転職して営業職をしていました。30歳を機に、自分の頑張りが報われる仕事を探している時に、インターネットで大吉を知ったのです。

20代の頃は音楽に夢中になり、いわゆる一般的な就職はせずに音楽を仕事にしていました。しかし簡単には上手くはいかず、30歳になり、もう後戻りはしたくないと思ったから、経験、知識、立地の差ではなく、本人の頑張り次第だと思えた大吉に決めました。大吉の本を読み、実際の店舗を見て、「自分がさぼらなければ失敗しないだろう」と、やっていけるイメージが湧いたのです。


実は最初の面接では資金が足りず、「1年後に貯めてきます」と言って、昼間の仕事とアルバイトを掛け持ちして1年後に資金を用意し、もう一度面接に。本部の人が「おっ！よくきたね。覚えているよ」と笑顔で迎えてくれました。

研修では基礎の串の仕込み、掃除、接客から始まり、焼きを覚え、店舗運営ノウハウを伝授してもらいました。この時、お世話になった師匠には、今も困ったことがあれば電話します。これは大きな財産ですね。一番大事なのは、お金を払って来ていただけるお客様に満足していただくこと。「足がなんとなく大吉に向いたんだよね」なんて言われると、本当に嬉しいんです。

集客方法や販促ばかりに頼るのではなく、「気配り」をできるだけ行動に移した結果、現在、幅広い年齢層に来店いただいています。今では私のお店でも研修生を受け入れて、2012年には念願のグループ店になりました。独立前の「自分がさぼらなければ失敗しないだろう」というのは、間違いではありませんでしたね。

店主の声⑤「100年後もこの地で続くことを願って、息子に継承」

■店主Eさん（大阪府）

1989年開業「ユーザー方式」→「グループ方式」（店舗買い取り）

〈プロフィール〉…お客様から支持される店舗を築き、25周年を機に店舗をリニューアル。同時に店を手伝っていた息子に、事業を継承するための準備を進める。今でも自宅から店舗まで約1時間、健康のために歩いて通っている。

開業以来、「笑顔を絶やさずに営業する」ということを信念にしてきました。気づけば、大吉歴は28年。この地で多くのお客様に愛されてきました。

そして、この店の25周年にあたり、店の改装をした上で、「経営に関しては息子に引き継ごう」と大きな決断をしました。私がすぐに引退するわけではありませんが、息子にはとにかく、お客様を大切に末永く営業して欲しいです。息子も「親父の背中を見て約20年、一緒に店に入りながら姿勢を学んだ。だからこそ、居心地がよくお客様に愛される店舗を継承しなければならない」と強い気持ちでいてくれます。

改装のポイントは外観を明るく一新し、店内レイアウトは、ほぼ変更せずに、劣化部分を最新のものに新調。常連様のいつもの安心感と居心地の良さに配慮しました。改装後、お客様から「中が見えて入りやすくなった」と言っていただけ、トイレのリニューアルは女性のお客様にも好評で安心しました。

個人的な夢ですが、まずは息子で開店50年を達成し、さらにその先、100年経っても、この地で大吉の看板が残っていれば嬉しいですね。

会社のためではなく、自分のために頑張るという「やりがい」

5人の大吉店主の声を紹介しました。それぞれの思いを感じていただけたのではないかと思いますが、この5人に限らず、大吉で独立した店主が共通して口にするのは、「やりがいがある」という言葉です。

特に前職が会社勤めだった店主は、「会社のために頑張るのではなく、自分のために頑張る」ことができることに、大きなやりがいを実感しています。

「上から言われたことをやるだけだったサラリーマン時代とは違い、自分で考えながら努力したことが結果としてあらわれるので、すごくやりがいがある」

「会社員時代は週休2日でも、もっと休みが欲しいと思ったけど、今は毎日が充実していてやりがいがあるので、そんなことは、これっぽっちも考えなくなった」

「居酒屋チェーンで店長をしている時は、朝までクタクタになるまで働いても給料が上がらなかった。でも、大吉の店主になってからは収入も大幅に上がった。本当に頑張りがいがある」

こんな風に、会社勤めをしていた時には得られなかったやりがいを実感している店主がたくさんいるのです。

会社員であれば、「いくら自分が努力しても、結局は会社のためでしかない…」という悶々とした気持ちになることが少なからず、あることでしょう。会社員は会社に守られているので、それはある意味、仕方のないことですが、「もっと自分の努力が報われる仕事をしたい」という思いを持っている人は多くいます。

そうした中で、今は会社勤めをしていても、「いつかは自分の店を持ちたいと本気で考えている。成功するための努力は惜しまない」という人の独立開業を、これからも大吉はサポートしていきます。会社に何年勤めていたかなどは関係ありません。

20代でも30代でも、40代以上でも、本気でやる気のある人に、「お店という自分だけの最高の舞台」を用意します。

単に「今の会社にいたくない」、「今の仕事を続けたくない」…という現実逃避の人はお断りしますが、そうではなく、本気でやる気があるのであれば、広く門戸を開いている大吉の門を叩いて欲しいと思います。

お客様からの「リアルいいね！」が、大きなやりがいになります

大吉の店主の中には、アパレルやホテルなどのサービス業出身者も少なくありません。サービス業という点では、飲食店に近い職種ですが、それでも大吉では、前職

では得られなかったやりがいを感じています。

ある店主は、こんな風に話していました。「自分で鶏肉を仕入れ、仕込み、串打ちをした焼鳥を食べたお客様が、美味しいと言ってくれる。自分が一から作ったもので、目の前のお客様に喜んでいただけるのが本当に嬉しいし、やりがいになっています」。

この話にあるように、自分が一から作ったもので、目の前のお客様に喜んでいただけるという大きなやりがいが、大吉にはあります。常に気は抜けないし、手を抜くなどはもってのほかで、毎日が真剣勝負ですが、その分、お客様に喜んでいただいた時の嬉しさは格別です。

今はSNSが当たり前のように使われている時代ですが、あの「いいね！」機能に例えれば、大吉の店主がお客様に喜んでいただいた瞬間というのは、目の前で「いいね！」を押してもらっているようなものです。よりリアルで、心に響く「いいね！」です。お客様のために額に汗して頑張れば、そんな「リアルいいね！」が店内に溢れ、大吉という舞台に立つ店主の大きなやりがいになるのです。

「夫婦」で力を合わせて店をやるなら大吉がぴったりです

大吉では、「夫婦」で店をやることも推奨しています。夫婦で店をやるメリットも大きいからです。

夫婦でやれば、より人を使わなくて済むというのもありますし、女性ならではのきめ細やかさが、お店のプラスになります。一緒に働けば、大吉で独立した夫の仕事に対する奥様の理解も深まりますし、何より大吉という小さなやきとり屋は、店の広さの面でも、仕事内容の面でも、夫婦で商売をやるのにもちょうど良いお店なのです。

実際、夫婦で力を合わせ、盛業を続けている大吉がたくさんあります。中には、「夫婦でやって本当に良かった。夫婦で別々の仕事をしていたら、こんなに楽しい人生は送れなかった」と言ってくれる店主もいます。大吉で開業し、夫婦で幸せな人生を送っているのを見るのは、本部としても非常に嬉しいことです。

そこで、本書では、夫婦で開業した店主の「奥様の声」も紹介したいと思います。「開業する前は、夫を支える妻ならではの心配事も少なくなかったけど、開業後は、それ以上に大きなやりがいを感じている」。そんな「奥様の声」を、インタビュー形式で紹介します。

また、これは補足になりますが、大吉では開業希望者が妻帯者の場合、奥様が一緒に店で働かない場合も、「奥様は応援してくれていますか?」と必ず確認します。「妻は店をやるのを反対していますが、自分はやる気があるので大丈夫です」などと言う人もいますが、それではなかなか上手くはいかないからです。それが夫婦というものです。

開業で成功するためには、奥様に限らず、家族の理解や応援が大切であることも理解しておいていただければと思います。

奥様の声①「地域に根ざした仕事をすることの喜びを感じています」

■奥様Aさん(大阪府)

Q旦那様より「大吉で独立・開業したい」と聞いた時はどう思いましたか?

大吉をやると聞いたとき、最初は店の営業を一緒にやるとは思っていなかったのですが、夫婦でやる「生業商売」と聞かされて、一緒に頑張ろうと心を決めました。

Q「開業」前に楽しみだったこと、心配だったことを教えてください。

開業前は楽しみというよりは、生活パターンの変化がどうなるのか心配でした。

特に仕事がら、昼夜逆転するのではないか？夜、家を留守にして子供だけの生活になることや、子供が習い事をしていたので、その送り迎えなどが大丈夫かも、少し不安でした。実際には開業後、夫も子供との時間が増えました。地域に根ざして仕事をし、生活をしているので、子供の友人の親御さんたちとの関係も密になって良かったと思います。

Q「開業」後、奥様が感じたこと、大吉をやって良かったと思うことを教えてください。

大吉をやって良かったと思うのは、今までの環境では知り合えなかった方々と、お客様として出会えることです。年数を重ねるごとにお客様の子供さんたちの成長を一緒に見ることができるのは嬉しいことです。

また、大阪で大吉を経営していますが、私自身が水泳のインストラクターをしていた時の生徒さんが店に来てくれたり、主人の同級生が33年ぶりに顔を見せてくれたりした時も感激しました。
経済的なことももちろん大切ですが、いざ大吉を始めたらお金だけではなくて、お客様との関わりが大切なんだと実感するようになりましたし、大吉は長くやればやるほど面白いんだろうなとも思っています。

奥様の声②「夫婦で家族で笑い合える時が、本当に幸せな瞬間です」

■奥様Bさん（宮城県）

Q旦那様より「大吉で独立・開業したい」と聞いた時はどう思いましたか？

賛成しました。主人が10代の頃から思い描いていた「いつか独立したい」という夢をずっと聞いていたので、「大吉で独立したい」と聞いた時は素直に嬉しく思いました。休みの日も開業資金を貯めるために仕事を掛け持ちし、努力していた姿を知っていたので、そんな中で本当に自分がやりたいと思えた道が見つかり、「本当に良かったね」という思いが一番でした。

Q「開業」前に楽しみだったこと、心配だったことを教えてください。

開業前に、私も地元の大吉で1週間程度、研修をさせていただきました。開店にともなう買い出しや準備をすべて自分たちで行っていくので、本当に自分たちの店を作り上げていくという過程のすべてが楽しみでした。「こういう店にしたいね。美味しい焼鳥を提供したいね」など、たくさん2人で話し合いました。

心配事としては、開店にともない、初めての土地へと引っ越すことになったので、そこにうまく馴染んで行けるかが少し心配でした。また、仕事の時間帯も変わるので、身体がついて行くかも不安でした。仕込みや接客は2人とも飲食業をしていたので大丈夫だろうと思っていました。主人には言えませんでしたが、金銭的な面で安定した収入が得られるかが、多少不安でもありました。また、開業時、私達はまだ24歳で、お互いの両親は、若い二人が自分達だけで経営をするということに対して、相当心配だったようです。

Q「開業」後、奥様が感じたこと、大吉をやって良かったと思うことを教えてください。

右も左も分からない土地で主人と大吉を始めましたが、地域の皆様に優しく受け入れていただきました。外を歩けば、「大吉さん」と声を掛けていただけます。とてもありがたいことだと思います。週末にはたくさんの家族連れや女子会などでご利用していただくことも増えました。大吉というお店が入りやすい、行きやすいと思っていただけることがとても嬉しいです。

我が家には2人の息子がいますが、子供達が自信を持って「うち、大吉なんだよ」とお友達に言ってくれます。小学校の授業で、「私達のまちたんけん」でもたくさんの小学生の子が仕事内容を取材するために大吉に来てくれました。

夫婦間も互いの苦労や大変さがすべて目に見えて分かるので、お互いにねぎらい合えるようになりました。別々の仕事をしていたら分からない、できないことだと思います。どちらかが上とかではなく、共に頑張るパートナーとして一緒に日々を過ごしています。楽しさも嬉しさも辛さもすべて共有し、「笑って、生きていく」の言葉通り、夫婦で家族で笑い合える時が本当に幸せな瞬間です。

主人が笑っている日が増えました。じっと焼鳥を真剣な顔で焼く姿を見ると嬉しくなります。

Qこれから大吉開業を目指す方へ

自信は成功へとつながります。夢があり、叶えたいと思う気持ちがあるなら、自信を持ってチャレンジしていただきたいと思っています。本部のバックアップもあるので心強いです。

私も妻として、母として、1人の女性として、私にできることを頑張っていきます。胸を張って大吉をやり続けることが、両親や子供たちの理解を得られることだと思っています。これからも笑顔を忘れずに、夫と共に頑張っていきます。

日々の時間の使い方をやり繰りできる。定休日を自分で設定できる

どんな職種であってもそうですが、起業して経営者になれば、結果はすべて自分の責任です。自分の頑張りで収入が増えることもあれば、自分に甘いために収入が減ることもある。経営者は常に自分との戦いです。

大吉の店主になっても、それは同じですが、会社員にはない経営者の特権は、誰にも指図されることなく、「自分のことは、自分で決める」ことができること。前職でサラリーマンだった大吉店主の多くが独立して良かった思うことの一つも、「自分で時間の使い方を決める」ことができることです。

好きな車を買う。マイホームを建てる。大吉でしっかりと稼いだ店主たちは、そうした誰もが目標とする夢も叶えていますが、より充実した日々を送るという意味

では、自分で時間の使い方を決めることができる点も、大吉で独立して得られた大きなメリットなのです。

大吉の店主の仕事は、仕入れや仕込み、掃除など、夕方からの営業前にやらなければならないことも色々とあります。営業中以外にも、仕事に取られる時間は少なくありません。それでも、時間の使い方のやり繰りは店主次第。誰からも指図されることなく、店主が自分で決めることができます。

そうした中で、例えば、趣味のゴルフの上達のために、時間をやり繰りして、ゴルフ練習場に行っている店主もいます。実際、大吉店主はゴルフが上手な人が多いのですが、サラリーマンではこうは行きません。ゴルフに興味のない人には、あまり良い例ではないかもしれませんが、それくらい時間のやり繰りの自由度が高いという話です。

他にも、健康のために家から店まで必ず歩いて通っている店主もいます。自転車が趣味なので、自転車で通っている店主もいます。家と店の行き来の時間も有効に使っています。

そして、今は夫婦で育児を分担する時代ですが、大吉でも、幼稚園に通っている子供を、仕込みの合間に迎えに行っている店主もいます。妻の育児をサポートするだけでなく、自分自身も子供と触れ合う時間を増やしています。これなども、有意義な時間の使い方です。

また、大吉は店の定休日を店主が決めることができます。基本的には売上が少ない日を定休日にしますが、店主の方針も加味することができるので、一般的なチェーン店にはない自由度があります。その自由度を生かし、例えば、普段の定休日は少なめにして頑張り、その分、年に1回は必ず、長めの休みを取って家族でハワイ旅行を楽しむ店主もいます。

このように、時間の使い方や定休日の自由度の高さを生かして色々な働き方ができる点でも、大吉にはたくさんの「成功のカタチ」があります。

歳をとっても働ける。プライベートを充実させた働き方もできる

商売をやっていると、いい時も悪い時もあります。「やきとり大吉」は、流行や景気の影響を受けにくい店ですが、それでも売上が思うほど伸びない時もあります。しかし、大吉は、仮に売上が思うように伸びなくても、「店が潰れてしまう…」というような危機的な状況にはそうそうなりません。

具体的な数字で言えば、1日3万円の売上があれば、生活していくことはできる

からです。生活できるレベルで満足してもいいという話では決してありませんが、それくらい、潰れにくい経営構造になっているのです。それが店主にとっては、大きな安心感となり、気持ちに余裕を持って日々の商売に取り組むことができるのです。

1日3万円という少ない売上でも生活していけるのは、人との付き合いなどで何かと出費が多いサラリーマンとは違い、大吉の店主をやっていれば自然と支出が減るのも理由です。外食する機会は少なく、食事は店の賄いで済ませることができるので食費が抑えられます。夜の営業中はユニフォームで、昼の仕込みの時も着る物にお金をかける必要はないので、衣服代も減ります。

こういう話は、何となくケチくさく感じるかもしれませんが、実際に自分で商売をやれば、いかに大事なことかが分かります。ケチくさい話でも何でもなく、こうして支出を抑えれば、売上が増えれば増えるほど、手元に残るお金もどんどん増え、そのお金を自分の好きなことに思いっきり使うことだってできるのです。

そして、これだけ潰れにくい経営構造だからこそ、大吉の店主の働き方は選択肢が広いのです。

例えば、歳を重ねた60代、あるいは70代以上の店主が、自身の体力に合わせて無理のない範囲で商売を続けるという働き方もできます。「年金があるので、売上は多くなくてもやっていける。いつまでもお客様と会っていたいので、無理のない範囲で長く商売を続けたい」。そんな働き方をしている店主もいるのです。

また、今の時代は、年代に関係なく、「仕事だけでなく、プライベートも充実させたい」という人が増えています。30代、40代の店主でも、中には「売上はそこまで多くなくてもいい。その分、プライベートを充実させたい」という働き方をしているケースがあり、それも一つの「成功のカタチ」であると考えています。

どんな働き方をするにしても、お客様に喜んでもらうために真面目に努力することに変わりはありませんが、このように、年齢や人生観に合わせて様々な「成功のカタチ」を実現できることが、大吉という商売のもう一つの魅力です。

第4章

〝不滅の強さ〟を磨き続けてきました！

個人店とチェーンの「いいとこ取り」。この強い仕組みを作ってきた

大吉のモットーは、「なりわい（生業）」に徹することだとお話ししましたが、未来永劫続く〝不滅〟の小さなやきとり屋であるためには、合わせてチェーン店としての強さも、これからさらに磨いていきたいと考えています。言ってみれば、これまでも、個人店とチェーンの「いいとこ取り」で強い仕組みを作ってきたのが大吉です。そのノウハウをとことん掘り下げてきたからこそ、大吉は外食業界の中でも、唯一無二と言える独自のポジションを確立することができました。

では、なぜ、個人店とチェーンの両方の良さが必要なのか。それは、これまでにお話ししたように、「なりわい（生業）」の個人店には様々な魅力や強みがありますが、

一方で、個人で開業する人たちには、一言で言えば、「経験不足」や「知識不足」という弱さがあるからです。

「経験不足」や「知識不足」は、飲食業の未経験者はもちろん、飲食店に勤めてから独立した人であっても、そう簡単に克服することができるものではありません。普通、飲食店で独立開業する人は、人生で初めての開業だからです。

初めての開業なので、経験や知識が不足しているのは仕方のないことではあるのですが、この「経験不足」や「知識不足」という弱さが、失敗の大きな要因になってしまうのです。

例えば、大吉では家賃の安い店舗にしか出店しないことを先に説明しました。同様に、家賃の安い店舗を探して開業する人は大勢います。少しでも開業費用を抑えたいと思えば、当然、そうなります。

しかし、家賃が安くても、開業する業態にそぐわない立地であれば成功が遠のきます。看板が見えづらい、お客様が入りづらい…などのマイナス要因がある物件も不利です。言われてみれば、当たり前のことですが、初めて飲食店を開業する人が、それらを細かく確認しながら「本当に良い物件」を見つけるのは容易ではありません。開業してから、「こんなはずではなかった…」と後悔するケースがとても多いのです。

中には、あまり深く考えずに物件を決めても、運よく成功するケースもありますが、それでは一か八かです。成功確率が低いのは言うまでもありません。

その点、大吉は、40年に渡って全国各地に1000を超える数の店舗を誕生させてきました。自慢ではありませんが、店舗の物件選びに関する経験と知識は十分過ぎるくらいです。豊富な経験と知識を元に、大吉にとって「本当に良い物件」を見つけることができるので、それだけで成功確率は抜群に高くなります。

また、大吉は店主の個性を生かすために接客マニュアルはあえて作っていないとお話ししましたが、これは接客に限った話です。調理を始めとした他の様々な店舗運営の内容については、チェーン店としてのマニュアルを整備しています。

それこそ飲食業未経験の店主も多い中で、経験不足であってもきちんと仕事をこなせるようにしたマニュアルです。接客マニュアルはあえて作らず、一方で、その他の店舗運営についてはしっかりとしたマニュアルを用意するというバランスにおいても、個人店とチェーン店の両方の良さを生かしているのです。

このように大吉には、開業した店主たちを成功に導くために蓄積してきた、チェーン店としてのノウハウや仕組みがあります。第4章では、そのノウハウや仕組みを中心に、大吉がどのようにして〝不滅〟の強さを磨いてきたのかを解説します。

大吉（ユーザー方式）	一般的なチェーン店
150万円 ※150万円の加盟金で本部の所有する店舗を借り受けて開業。他に、開業時の実費が約100万円	店舗取得費・設備を入れて、一般的には3000万円以上
毎月固定のロイヤリティー3万円	売上が高ければ、その分ロイヤリティーも高くなる変動制
ノウハウを熟知した店舗（本部指定）にて、３ヶ月間、基礎から学べる	一般的には2週間程度。しっかり行っていても1ヶ月
無理のない店舗運営を実現する賃貸条件と地域密着に適した立地を本部が調査	駅前等の家賃の高い物件
多くの場合、実績のある仕入先を紹介。店主自身で仕入先の変更も可 ※アルコール銘柄及び酒販店は本部指定	セントラルキッチンからの一括仕入れ
王道の焼鳥とロスなく運営できる「大吉ならでは」のメニュー構成	指定メニュー
仕入れ・仕込みの無駄を省いたレシピ接客や雰囲気作りは店主の裁量	本部の指定を順守
困った時は本部や研修店の店主に連絡できる	定期的なエリアマネージャーの指導

※「個人店」「一般的なチェーン店」の規模・特徴などは、それぞれ条件に差異があります。

■「やきとり大吉」はチェーン店の良さ×なりわい（生業）の良さ

	個人店	
開業費用	物件取得費を入れて、 一般的には1000万円以上	
ロイヤリティー	なし	
研修	独学 （修業先も自分で見つける）	
立地	賃貸条件の相場・ 立地の調査を自ら行う	
食材の仕入れ	イチから自分で探す。 オーナーの目利きが重要	
メニュー	自作メニュー	
マニュアル	試行錯誤して確立	
サポート	なし	

「前夜祭」で本気のダメ出し。それが店主を成功に導く

新しい飲食店がオープンすると、もの珍しさもあってお客様が来店してくれます。いわゆるオープン景気と言われるもので、オープンしたての頃は流行るケースが多いのですが、実はここで大きな失敗をしてしまうお店が少なくありません。

お客様が来てくれるのはいいのですが、開店に向けたトレーニングなどが不十分なために、店が上手く回らず、注文ミスや料理の提供遅れでクレームが多発してしまうのです。そうやって、一度、お客様の不評を買い、悪評が広がってしまうと、それを挽回するのがとても難しくなります。オープン時の悪評を挽回できず、半年も持たずに閉店せざるを得なくなるような場合もあるのです。

これから個人で飲食店を開業する人は、この点を肝に銘じておく必要があります。

「大吉」では、そうした失敗を防ぐために、まず新しくオープンする店舗では、オープンの直前（多くは前々日）に必ず「前夜祭」を行います。大吉本部を始め、近隣の大吉店主や関係者が集まり、実際の営業と同様の状況を作って店主のスキルを最終確認するのが「前夜祭」です。この「前夜祭」は、店主にとっては相当厳しい試験になります。客席をほぼ満席の状態にし、次から次へと注文が入る状況を作るので、中にはテンパってミスを連発してしまう店主もいます。開業前に、それくらい緊張感のある状況を体験してもらい、その上で本部の私たちが、「こうすれば慌てなくて済む」、「こうしたらもっと良くなる」といったアドバイスをするのです。

これも必ず成功して欲しいからに他なりません。開業後の本番でのミスは大きな痛手になりますが、「前夜祭」でダメ出しをされても取り返しがききます。「前夜祭」の後に反省会を開き、今一度、店主が自身のスキルを見直し、気持ちを整理して、より万全な状態でオープンに臨むようにしているのです。

最初から売上を追わず「満足比率」を高める。それが繁盛への近道

オープンのスタートでつまずかないために、オープンしたての頃は、あえて使用する席数を減らして営業することも多くあります。20席の店であれば、8席くらいは予約席扱いにし、残りの12席だけで営業するのです。

「前夜祭」などを行って、いくら万全な準備をしても、開業したばかりの店主は、まだ完全には実力がともなっていません。最初は実力に見合った席数で営業し、ご来店いただいたお客様一人一人に満足してもらうことに注力するのです。

席数を減らすので、満席で帰してしまうお客様も増えますが、それも承知の上です。満席で入れなかったお客様には、次回来店時に生ビールなどが1杯サービスになる

「満席お詫びサービス券」をお渡しします。満席で店に入れなかったお客様は、こうした対応をきちんと行えば、必ずまた来店してくれます。

しかし、店内で食事をしたお客様が不満足を感じれば、二度と来店してくれません。だから、最初は席数を減らしてでも、お客様一人一人に満足してもらうことを優先するのです。

また、大吉では、通常のメニューよりも、料理やドリンクの品数を4割ほど減らした「シンプルメニュー」を用意しています。開業したばかりの店は、このシンプルメニューで営業します。

シンプルメニューは、通常よりも品数が少ないので、開業したばかりの店主でも注文に対応しやすく、注文ミスや提供遅れを減らすことができます。このシンプルメニューでも、開業したての店が、ご来店いただいたお客様一人一人に満足していただけるようにしているのです。

最初から売上を追うのではなく、まずは一人でも多くのお客様に満足してもらう「満足比率」を高める。オープン時につまずくことなく店を軌道にのせるためには、この発想がとても大切です。少し長い目で見れば、それが繁盛への近道なのです。

開業時に必要な調理器具や備品類などのサポートも万全です！

飲食店を開業するとなると、店舗の内装が完成した後も、調理器具や備品類をスタンバイしなければなりません。個人で飲食店を開業する場合、この準備もかなり大変な作業になりますが、大吉ではチェーン店として、その点も万全です。

まず、調理鍋やまな板などの調理器具はすべて、一括注文できます。ユニフォームを始め、箸立、メニュー立、串入れ(食べた焼鳥の串を入れてもらう竹筒)といった卓上用品、お皿や丼の食器類、グラス類、その他、洗剤・クリーン用品、ラップやホイルなどの消耗品なども同様です。

また、開業後もキャンペーンなどで用いる販促物、その他、様々な印刷物も注文一つで揃います。こうした様々なツールに関するチェーン店としてのバックアップ体制でも、大吉で開業する店主の成功をサポートしています。

調理器具の他、ユニフォームや卓上用品、食器類、グラス類など、開業に必要なものが一括注文で揃う。

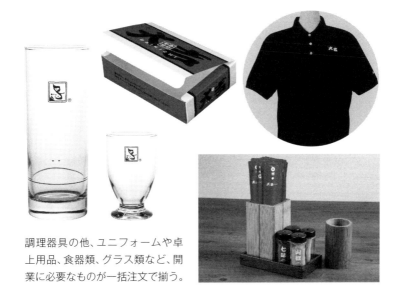

社会の動き、時代の変化への対応。そこもしっかりフォローします

飲食店を開業すれば、社会の様々な動きに対応していくことも必要です。例えば、最近ではキャッシュレスの動きが広がっています。あるいは、たばこに関する新しい法律「改正健康増進法」も制定されました。こうした社会の動きをチェックし、どのように対応するのかを考えなければなりませんが、個人で飲食店を経営していると、日々の仕事に追われて、どうしても後回しになりがちです。

大吉は、そこもしっかりとフォローします。年に4回、本部が制作して大吉の全店舗に発送している「大吉Ｓｔｙｌｅ」という冊子などで、経営に役立つ様々な情報を伝えています。先のキャッシュレスや改正健康増進法についての対応策も、本

部から提案を行いました。

また、今は外国人のお客様が増えています。このインバウンド対応についても、英語、中国語、韓国語の「外国語メニュー」を作成し、すでに多くの店舗が活用しています。

このようなフォローも本部がしっかりと行っているので、大吉の店主は日々の仕事に集中することができ、なおかつ、社会の動きや時代の変化にも対応することができます。

年に4回、本部が制作して大吉の全店舗に発送している「大吉Style」。

店主の仕事をラクにする。そこの部分もちゃんと計算しています

「やきとり大吉」は、店主がすべて自分でやることを大切にしているとお話ししましたが、中には、「そこまでやらなければならない大吉の店主の仕事は、かなり大変そう…」と思った方もいるかもしれません。

確かに、「大吉の仕事はラクですよ…」なんて言うつもりは毛頭ありません。何度も言っていますが、額に汗して頑張るのが大吉の基本です。

ただし、だからといって、店主の仕事をラクにする部分がまったくないわけではありません。そこはちゃんと計算しています。

例えば、個人の飲食店は、メニュー数が多くなり過ぎて、仕込みや営業中の調理

オペレーションに大きな負荷がかかってしまっているケースが少なくありませんが、大吉ではそのあたりを巧みに工夫しています。焼鳥専門店として適度に絞り込んだメニューにすることで、焼鳥以外の仕込みにそれほど大きな手間がかからず、営業中の調理オペレーションも、極力シンプルにしています。

また、各店舗で一から仕込みを行う焼鳥が象徴しているように、大吉は手作りの美味しさを大切にしていますが、手作りしなくてよい部分もあります。例えば、焼鳥の秘伝のタレは、本部から購入することができます。手作りの美味しさを大切にしながら、要所要所で現場の仕事をラクにする効率化を図っています。

長く商売を続けてもらうために、本部は「口うるさい親」にもなる

人は誰しもそうですが、自分の行いを注意してくれる人や、時には叱ってくれる人がいないと、どうしても気が緩みます。それが人間の弱さで、自分自身で自分を律するのは、なかなか難しいことです。

そして、実はそれが、個人の飲食店の弱点にもなります。開業したばかりの頃は、緊張感を持って商売に取り組んでいたのに、経営を続けていく中で、だんだんと気が緩んでしまうのです。最初はちょっとした気の緩みでも、それが徐々に助長され、平気で掃除の手を抜くようになる、営業時間を守らなくなる…といったケースもあります。

飲食店の店主は、「一国一城の主」などと昔から言われますが、誰からも小言を言

われない主は、自ら城を滅ぼしてしまうことにもなるのです。

大吉では、そうしたことがないように、「酒販店チェック」という店舗管理を行っています。大吉の各店舗は、酒類も地元の酒屋さんから仕入れます。その酒屋さんに店舗チェックを行ってもらい、本部に報告してもらうようにしているのです。

酒屋さんにチェックしてもらうのは、「掃除が行き届いているか？」などの基本的なことですが、仮に何か問題があれば、本部として指導を行います。一国一城の主となった店主たちにとっては、うるさい小言かもしれませんが、長く商売を続けてもらうためには、本部は時には「口うるさい親」にもならなければならないと思っています。

また、この「酒販店チェック」という独自の仕組みがあるので、大吉には、いわゆるスーパーバイザーはいません。スーパーバイザーなどを雇わず、小さな本部にしていることも、ロイヤリティーを「変動制」ではなく「毎月固定」にすることができている理由の一つです。

店主の性格や年齢をどのように生かせばよいかも熟知しています

私たち大吉本部は、たくさんの店主たちを見てきました。そして、それこそが、店主を成功に導く大吉本部の重要なノウハウになっています。例えば、店主のそれぞれの長所が、大吉の商売において、どのようにプラスになるのか。また、店主の年齢ごとの持ち味が、どのように強みになるのか。

たくさんの店主たちを見てきたので、それらを熟知しています。このノウハウを生かして、店主の性格や年齢に合わせた適切なアドバイスを行うことで、多くの店主を成功に導いてきました。

また、大吉でも、開業後、何年か経ってから営業不振に陥るケースがありますが、その原因を探ると、やはり店主の「変化」であることが少なくありません。開業当初は基本に忠実だったのに、その初心を忘れてしまう店主が中にはいます。

私たち大吉本部は、店が営業不振に陥る前に、「危険シグナル」とも言えるそうした店主の変化、店の変化をいち早く察知することに努め、アドバイスを行っています。それによって、致命的な営業不振に陥る前に、業績を回復した例がたくさんあります。このように大吉は、本部と店舗の関係性においても「人」と真剣に向き合いながら、〝不滅〟の強さを磨いてきたのです。

お客様と長く良好な関係を築くことができる接客ノウハウも伝授

「やきとり大吉」は、「もう一つの我が家」のような感じで足繁く通ってくれるお客様がたくさんいます。小さなやきとり屋ならではのお客様との距離の近さを生かした商売をしているからですが、ここでとても大事なことがあります。お客様との距離の近さを生かした商売においても、「お客様との一定の距離感」は必要だということです。

どういうことかというと、例えば、店主が一部の常連客とばかり話しをしている光景というのは、他のお客様からすると、見ていて楽しいものではありません。煩わしく感じられることもあります。常連のお客様はとても大切ですが、特別扱いをし過ぎることなく、一定の距離感を保つことが、他のお客様にとっても居心地のよい店であるためには大切なことなのです。

また、長年に渡って通ってくれるお客様と、人生を共有するようなつながりができるのも大吉の素晴らしいところですが、それも一定の距離感があってこそです。個人的に親しくなり過ぎて、互いのプライベートの中にまで入り込むような関係になると、かえってちょっとしたことで関係がぎくしゃくし、お客様が店に行きづらくなるケースが少なくありません。一定の距離感を保つことが、お客様と長く良好な関係を築く秘訣でもあるのです。

お客様との距離が「近過ぎる」。これは、個人の飲食店が陥りやすい落とし穴です。店主が良かれと思ってやっているだけに、気づいた時には、すでに色々な問題が起きてしまっていることが少なくありません。大吉では、そうした落とし穴に陥ることなく、長く商売を続けることができる接客ノウハウも店主に伝授しています。

変化できるものが生き残る。大吉は「お通し廃止」も行いました

大吉は老舗の部類に入るチェーンですが、時代の変化を一切受け付けないような「頭の固い老舗」では決してありません。守るべきところは守りながら、柔軟に時代の変化にも対応してきました。「変化できるものが生き残る」という進化論の有名な言葉がありますが、大吉もそうしたチェーンでありたいと思っています。

例えば、「やきとり大吉」は、2019年4月から「お通し」を廃止しました。お通しという習慣に対する世間の受け止め方が変わってきたからです。「お通しは店の押し売り。欲しくないものを強制的に買わされている」、「お金を出すなら好きなものを食べたい」、「苦手なものが出てきても断りにくい」…等々、お通しに何かしら

の不満を持っている人たちが増える中で、「お通し廃止」は、これからも長く盛業を続けるための施策の一つとして行いました。

長く続いてきた習慣だけに、廃止するのは大きな決断ではありましたが、これからも〝不滅〟の小さなやきとり屋であるためには、変化を恐れているわけにはいきません。元々、大吉は、安心で入りやすい「明朗会計」な店ですが、「お通し廃止」によって、その魅力をさらにアピールしていくことができると考えています。

また、最近、行った新しい施策としては、営業開始時間を16時～18時の間で、店主が自由に選べるようにもしました。元々、定休日と閉店時間は店主が自由に設定できるようにしていましたが、営業開始時間も選択できるようにしたのです。さらに、先に紹介した料理やドリンクの品数が少ない「シンプルメニュー」を、無理のない範囲で商売を続けたいというベテラン店主などが採用することができるようにもしました。

お客様への対応だけでなく、店主の働き方においても、大吉は時代にマッチしたより良い方法を探求し続けています。

「個店であっても仲間がいる」。それが店主の大きな励みになります

「個店であっても仲間がいる」。この点も、大吉で開業する大きなメリットだと思っています。個人で飲食店を開業した店主は、相談できる経営者仲間などが少なく、孤独を感じることも少なくありません。これが結構、精神的にキツかったりします。

その点、大吉には同じグループの「仲間」がいます。先にも話したように、開業前

の研修で教わった研修店舗の店主は、開業後も師匠のような存在として何かと相談にのってくれます。近いエリアに大吉が何店舗かあるような場合は、日頃から店主同士で交流を深めているケースもたくさんあります。

また、毎年春に、全国50ヶ所近くで「大吉講習会」を実施し、大吉の毎年の方針や目標などをお伝えしていますが、店主同士の交流の場にもなっています。開業から日が浅い新人店主などにとっては、20年、30年と盛業を続けているベテラン店主の話がとても勉強にもなります。

全国各地に頑張っている「仲間」がいる。「仲間」が頑張っているから、自分もより頑張ることができる。そのグループとしての絆は、大吉グループが長い年月をかけて築いてきた、かけがえのない財産です。

これから大吉を開業する店主たちにも、この財産を有効に活用してもらい、大きな励みにしてもらえればと思っています。

あなたも、「笑って生きていく人生」を送りませんか

大吉の強さの秘訣を、様々な角度からお話ししましたが、もう一つだけ、お伝えしておきたいのは、「大吉の本部は見栄を張ったりはしません。正直な会社です」ということです。

大吉で開業したいという人たちに、私たち本部は、「大吉の商売とはどういうものなのか」を、いつも正直にお話ししてきました。なぜ、わざわざこんな話しをする

かというと、それが、大吉の開業・成功のベースにあるからです。

ここまでお付き合いいただいた読者の方々には、いまさら説明するまでもないかもしれませんが、大吉の開業希望者に、「大吉をやれば、すぐに大きく儲けることができる」などとは決して言いません。

「大吉は小商売。コツコツと利益を積み重ねて、大きく儲けることもできます。そのためには、日々の努力が欠かせない地道な商売です」ということを、正直にお伝えします。そうした哲学をしっかりと理解して開業してもらうことが、結果として失敗を少なくし、大吉で開業した店主を成功に導くことになるのです。

このことをお伝えした上で、最後に改めて「大吉での独立とは、どのようなものか」を以下に記して本書のまとめとしたいと思います。最後までお付き合いいただき、本当にありがとうございます。

大吉での独立とはどのようなものか――。

それは「大吉での独立」という生き方に覚悟を持ち、お店という自分だけの最高の舞台で、毎日、お客様に喜んでいただくために、額に汗して美味しい焼鳥を提供していくこと。

タフなこともある。手抜きはできない。

しかし、だからこそ、自分がオーナー（店主）であることが毎日ちゃんと実感できる。誰にも依存していない、独立した人生であることが分かる。

あたりまえを徹底し、大吉というブランドを礎に接客などで少しずつ自分の色を出していく。それがお店の雰囲気や個性となっていく。

低資金からスタートできる舞台を大吉が用意します。毎日が自分との勝負なので、決してラクではないこの生き方。

しかし、大吉では10年以上続いている店主が8割もいます。

「なりわい（生業）」としてのこの仕事に誇りを持ち、納得した人生を送っている証拠と言えるのではないでしょうか。

頑張ったら頑張った分、自分に返ってくるのが心底納得できるから、笑顔になっていく。

あなたも「笑って生きていく人生」を、ここから始めませんか。

◆あとがき

「なりわい（生業）に徹する」

その昔、やきとり屋と言えばサラリーマンの聖地でした。同時に、多くのサラリーマンが会社勤めの憂さを「会社を辞めてやきとり屋でもするかぁ」という〝夢〟語りで晴らす、というような存在でもありました。

その時代に、創業者・辻成晃氏は「理屈を言うな黙って儲けろ！」と、「やきとり大吉」の開業希望者を募りました。ぐずぐず不満ばかり言ってないで動き出せ、という励ましの言葉でもあるわけですが、正面切って「儲けろ！」と金儲けを明るく肯定的に言ってのけたのは、この時代に大変新鮮に響いたと思います。強烈な個性の持ち主である創業者ならではの魅力あふれる表現です。

そして今、「金儲け」は、誰にはばかることなく誰もが口にしてよい言葉になっています。そうなると、「儲けろ」の次を行くような言葉がなければ、人をひきつけないようにも思えます。「短時間でこんなに儲かる」「これをやるだけでどんどん金が入ってくる」「一発逆転で大儲け」といった言葉は巷にあふれています。ラクに、効率よく、大きく稼ぐことが賢い仕事であるかのようです。

そんな中、大吉は今、「なりわい(生業)に徹する」という言葉を、改めて大吉の哲学としてしっかり掲げなおしています。なりわい(生業)とは、生き、家族を養い、暮らし続けていくための仕事のことです。古色蒼然として地味に聞こえますが、実はこの「なりわい(生業)」は、創業当時から大切に意識されていた言葉でもあります。創業者は、外に向かって「儲けろ!」と言いましたが、それは、その時代を的確に捉えた表現であり、その真意は「なりわい（生業）として、やきとり屋をやる覚悟を持て」ということだったのだろうと思います。

商売をやっていると、上り調子の時もあれば不調の時もあるでしょう。悪い時は「ここは場所が悪い」とか「客層がよくない」とか「近くにできた大きな店に競り負ける」とか、不満や不安が出てくる。良ければ良いで「もっとしゃれたメニューを増やしたら」とか「もっと店を広くしたほうが」とか欲も出てきます。「儲け」だけを目当てに仕事をしていれば、そういった不満不安や欲は、風船のようにどんどん膨らんでコントロールができなくなり、やがてお店もろとも弾け飛んでしまいます。開店後2年以内に閉店に追い込まれる飲食店の割合が5割を超えるというデータは、それをはっきり物語っているのではないでしょうか。

「やきとり大吉」も、毎年メニューを更新したり、新しい仕組みを取り入れたり、店舗デザインに工夫や変化を加えたりしています。しかし、お客様には「いつもの大吉がいつものようにある」と思っていただいていると、私は確信しています。「なりわい（生業）に徹する」という哲学は、時代に背を向けて昔ながらに固執することではなく、時代に合わせて変化していくことを受容しながら、それでいてずっと変わらない「大吉」であり続けるためのものなのです。

これから飲食店を始めようとしている皆さんに、どのような未来が待ち受けているのか、それは誰にも分かりません。不透明な時代とはいえ、自分の店を持ち、自分で働き、自分の力で真剣に生きていく覚悟があれば、自ずと道はひらいていくでしょう。

「やきとり大吉」は、世の中がどう変わろうとも、「なりわい（生業）」に徹することを忘れることはありません。それが、この時代を生き抜く最善の選択なのですから。

著者紹介

牟田《むた》　稔《みのる》

ダイキチシステム株式会社　代表取締役社長（2021年4月より会長）

1958年長崎県佐世保市生まれ。佐世保西高から九州大学経済学部へと進み、1981年サントリーへ。1990年から『やきとり大吉』を担当、以来創業者とともに全国に店舗を拡大していく。2005年ダイキチシステム入社、2008年二代目社長に就任した。

「生業に徹する」を理念とし、法人店舗や直営店は一切作らない。個人店とチェーン店を融合した独自のシステムで、独立開業希望者を支援。私生活でも「やきとり」をこよなく愛し、食した本数10万本を優に超える。ソムリエ資格や大阪検定1級も取得している。

- Webサイト　https://www.daikichi.co.jp
- 独立開業ご案内サイト　https://dokuritsu.daikichi.co.jp

@yakitoridaikichi

〝不滅〟の小さなやきとり屋

開業・成功の極意　『やきとり大吉』のスモールビジネス

発行日　2019年10月19日　初版発行
発行日　2021年 3月22日　第2版発行

著　者　牟田《むた》　稔《みのる》

編集制作　亀高　斉
装丁デザイン　佐藤暢美（株式会社 ツー・ファイブ）
カバー写真　東谷幸一
印　刷　株式会社シナノパブリッシングプレス

発行者　早嶋　茂
制作者　永瀬正人
発行所　株式会社 旭屋出版
〒160-0005
東京都新宿区愛住町23番地2　ベルックス新宿ビルⅡ6階
電 話：03-5369-6424（編集部）／03-5369-6423（販売部）
FAX：03-5369-6431（販売部）
郵便振替00150-1-19572
http://www.asahiya-jp.com

ISBN978-4-7511-1394-3

“不滅”の小さなやきとり屋
開業・成功の極意　『やきとり大吉』のスモールビジネス

無料相談申込用紙

年　月　日

フリガナ		
氏　名	（　　歳）男 女	
住　所	〒□□□-□□□□	
	電　話	（　　）　ー
	携帯電話	（　　）　ー
	メールアドレス	
職　業		
相談内容 該当項目に○をつけて下さい。	1	ユーザー店として「大吉」の経営者になりたい
	2	自分の資金でグループ店として「大吉」の経営者になりたい。
	3	その他
送り先 右記いずれか	ダイキチシステム株式会社 ■本社　〒542-0081 大阪府大阪市中央区南船場1-11-9 長堀八千代ビル4F 電話:06-6271-3606　FAX:06-6271-4028 ■東京本部　〒104-0028 東京都中央区八重洲2-5-12 プレリー八重洲ビル3F 電話:03-3272-7081　FAX:03-3272-7083	

キリトリ線

キリトリ線

1. 前記相談内容に追加がありましたら、下欄にご記入下さい。
2. 大吉ホームページでも独立開業に関する詳しい情報を提供しています。

- Webサイト　https://www.daikichi.co.jp
- 独立開業ご案内サイト
  https://dokuritsu.daikichi.co.jp

@yakitoridaikichi

（注）相談に対する内容は、当社の判断によって、お返事を割愛させていただく場合がありますので、あらかじめご了承ください。